KB206151

입증책임

믿으면 행하라

입증책임

초판 1쇄 발행　　ㅣ 2019년 3월 25일

지 은 이　　　　ㅣ 이정두
펴 낸 곳　　　　ㅣ 인더바이블
등록번호　　　　ㅣ 제2007000035호(2007.4.24)
주　　소　　　　ㅣ 경기도 파주시 탄현면 여치길 77
전화번호　　　　ㅣ 031-946-1972
팩　　스　　　　ㅣ 02-6280-1793

기획 편집　　　　ㅣ 조선구
디자인　　　　　ㅣ 개혁파신학연구소 디자인팀

입 증 책 임

이정두 **지음**

예수를
그리스도로 믿어
제자가 되고
하나님의 자녀가
되었다면
삶을 통하여
자신의 믿음을
입증해야 한다.
그것이 진정한
믿음이라고
야고보는
강조한다.

믿으면 행하라

인더바이블

믿으면 행하게 됩니다

사랑하면 주게 됩니다. 연애할 때 상대방에게 무엇을 선물할까? 무엇을 함께 하면 좋아할까를 늘 고민하지 않았습니까? 부모가 자녀를 위해서 무엇을 해줄 수 있을지, 무엇을 입히고 먹여야 할지 늘 고민하지 않습니까? 사랑하면 주게 됩니다.

믿으면 행하게 됩니다. 믿음은 오해 뿐 아니라 이해의 범주를 뛰어넘습니다. 누가 무엇을 얘기하든, 상황이 변하든 의심하지 않는 이유는 믿기 때문입니다. 믿음은 지식과 과학의 범주를 넘어섭니다. 보이는 것만을 향하는 것이 아니라 보이지 않아도 걸어낼 수 있기 때문입니다. 믿으면 행하게 됩니다.

성령 충만하면 순종하게 됩니다. 내 삶의 주인이 내가 아닌 하나님이 되었을 때 모든 것을 내려놓게 됩니다. 내 뜻보다 하나님의 뜻이 앞서고 내 생각보다 하나님의 생각을 묻게 됩니다. 내 기뻠이 아닌 하나님의 기쁨을 찾게 됩니다. 자연스럽게 말씀을 향해 진리, 생명의 가치가 우선되어지는 것입니다. 주신 말씀을 따르게 됩니다. 성령 충만하면 순종하게 됩니다.

그러나 지금 우리가 겪고 있는 세대는 사랑을 모릅니다. 믿음도 모릅니다. 성령 충만함은 더더욱 알지 못합니다. 지금이 교회 세대와 다음세대 모두가 사랑, 믿음, 성령 충만을 잃어버렸기 때문입니다. 지금의 세대는 예수님만이 길이요, 진리요, 생명이 된다는 말씀을 부여잡는 것이 아니라 하나님을 믿는 백성이 받아야 할 축복에만 관심이 많습니다. 하나님의 존재가 아닌 나를 위한 하나님의 능력만을 바라봅니다.

다음세대는 우리 부모가 믿는 그런 편협하고 현세적인 하나님을 믿지 않겠다는 것입니다. 목사, 장로, 권사, 집사의 자녀들이 교회를 떠납니다. 교회에서와 실제적인 삶의 모습이 너무나도 다른 부모님의 모습을 보았기 때문입니다. 부모를 통해 하나님의 모습을 볼 수 있어야 하는데 이중적 삶의 태도만을 보기에 진리를 볼 수 있는 마음을 놓쳐버린 것입니다.

다음세대가 하나님을 믿기 어려운 여러 가지의 이유가 있습니다. 시대적, 문화적 흐름도 중요 요소입니다. 그러나 가장 큰 것은 교회 뿐 아니라 가정 안에서 조차도 경건의 모양만 있을 뿐 경건의 능력이 사라져버렸기 때문입니다.

다음 세대는 불행합니다. 교회의 주인도, 가정의 주인도 예수 그리스도가 되지 못한 세대이기 때문입니다. 말씀의 가치를 잊고 존재의 정체성을 잃게 된 것입니다. 자신이 힘들어도 왜 힘든지 모르고 찾아오는 어려움을 극복하기 보다는 회피와 남을 탓하는 것을 내려놓지 못합니다.

지금의 교회세대, 다음세대 모두가 하나님 자녀로서의 정체성을 잃어버렸습니다.

야고보는 이러한 시대를 살아가는 우리에게 삶의 방향 뿐 아니라 방법론까지 제시해줍니다. 단순히 이론에 그치는 것이 아니라 복음이 우리 삶의 자리에서 실제가 될 수 있도록 이끌어줍니다. 믿으면 행하게 된다는 원칙적이고도 분명한 말씀을 쏟아놓습니다.

복잡하고 분주하고 조급하며 믿음 있는 척, 괜찮은 척, 아프지 않은 척 살아가는 지금 세대에 반드시 필요한 말씀이며 우리 삶의 이정표가 되어야 합니다.

야고보의 말씀을 통해 절규와 같이 쏟아 낸 말씀들이 삶의 곳
곳마다 적셔져 교회세대와 다음세대 모두가 세워지며, 이 일을
행하시는 성령님의 놀라운 역사를 목도하는 우리가 되기를 소망
합니다.

김포에서 삶으로 예배드리는

이 정 두 목사

행위가 온전하여 여호와의 율법을 따라 행하는 자들은 복이
있음이여 여호와의 증거들을 지키고 전심으로 여호와를 구하
는 자는 복이 있도다 _ 시편 119편 1~2절

목차

구원은 믿음으로 받는 것인가? 아니면 행위로 구원에 이르는
것인가?

이 질문에 대한 답은 아주 중요합니다. 어떻게 답을 하느냐에
따라서 신앙의 중심이 바뀔 수 있고 극단적으로는 이단으로 구분
될 수도 있기 때문입니다.

구원은 오직 믿음으로 받습니다. 이것을 '이신칭의'라고 하며
기독교 교리의 핵심이며 절대 바뀔 수 없는 진리입니다. 그런 의
미에서 야고보서는 많은 오해를 받은 책입니다. 심지어 종교개혁
시대에는 성경 66권에서 제외 될 뻔도 했습니다. 야고보서는 믿
음으로 구원 받는 '이신칭의'가 아니라 행위로 구원에 이른다는
'이행칭의'를 말하고 있다고 생각했기 때문입니다. 그도 그럴 것
이 야고보서는 행함이 없는 믿음은 헛된 것이라고 말하며 곳곳에
서 행위를 강조하고 있습니다. 믿음보다 행위가 중요하고 행위를
통해 구원에 이른다고 말하는 듯 보입니다.

그러나 이것은 야고보서가 말하려는 진정한 의미를 이해하지 못했기 때문입니다. 사도행전 15장을 보면 예수를 그리스도로 믿는 초대교회의 유대인들은 이제 믿음을 갖게 된 이방인들에게 할례와 율법 지킬 것을 강요했습니다. 이에 바울은 믿음과 율법을 지켜야 구원을 받는 다는 그들의 말이 잘못된 것이라고 맞섰습니다. 육체의 할례가 아닌 마음의 할례를 받아야 하며 믿음으로 서야 한다고 했습니다. 바울은 이 문제를 당시 예루살렘교회에 헌의 했고 수장이었던 야고보는 바울의 말이 옳다고 공식적으로 인정했습니다.

이것은 야고보서를 기록한 야고보가 행위를 믿음보다 중요하게 여겼다는 오해를 풀기에 충분한 사건일 것입니다.

성경에는 4명의 야고보[1]가 등장합니다. 기록된 시기와 상황을 고려해 볼 때 예수님의 동생이었던 야고보가 야고보서를 기록했다고 여겨집니다. 그는 예수님의 공생애 기간 동안 예수를 그리스도로 믿지 않았습니다. 부활하신 예수님을 만난[2] 후에 믿음을 갖고 제자가 되어 예루살렘교회의 지도자[3]의 역할을 감당 했습니다.

---

1) 세베대의 아들 야고보, 알패오의 아들 야고보, 예수님의 동생 야고보,
   사도 유다의 아버지 야고보
2) 고린도전서 15장 7절 그 후에 야고보에게 보이셨으며 그 후에 모든
   사도에게와
3) 사도행전 15장 13~21절

예수님과 함께 성장했던 그는 예수님의 성품과 삶의 모습, 삶의 가치와 태도에 대해서 누구보다 잘 알고 있습니다. 그가 행위를 강조한 것은 예수님이 살아왔던 삶을 따라 살아가는 것이 이 땅에서 제자로서의 바른 모습이라고 생각했기 때문입니다. 행위로 구원에 이른다는 것을 말하는 것이 아니라 믿음으로 구원 받은 사람이 마땅히 보여야 할 반응이라는 것입니다. 예수를 그리스도로 믿어 제자가 되고 하나님의 자녀가 되었다면 삶을 통하여 자신의 믿음을 입증해야 한다는 것입니다.[4] 그것이야 말로 진정한 믿음이라고 강조하고 있습니다.

바울이 사람은 어떻게 의롭게 되며 하나님의 자녀가 될 수 있는가에 대하여 말하고 있다면 야고보는 의롭게 된 사람이 어떻게 살아야 하는가를 말하고 있습니다. 그래서 야고보서를 의롭게 된 사람의 행동요령을 가르쳐주는 실천편이라고도 말할 수 있습니다.

편지 글인 서신서는 일반적으로 수신자가 명확하게 드러납니다. 그러나 공동서신[5]인 야고보서는 복음을 위해 뿔뿔이 흩어져 있는 유대인들[6]과 교회 전체에 보내는 편지입니다. 믿음에 대한 오해를 하는 이들이 스스로를 돌아보게 할 뿐 아니라 행동하는 신앙을 갖도록 합니다. 죄는 무엇이고 시험과 인내, 지혜는 어떤 것인지를 말하며 성경적 가치관을 세우도록 합니다. 그래서 나의 생각을 버리고 하나님의 말씀으로 채워 넣을 수 있도록 해줍니다. 이것은 초대교회의 성도들뿐만 아니라 현대를 살아가는 우리에게도 동일하게 말하고 있는 것입니다.

야고보서를 통해 구원 받은 성도, 하나님 나라의 백성이 어떤 삶을 살아야 하는지를 생각해보고 그에 합당한 삶을 살기위해 진지한 고민과 결단이 있기를 소망합니다.

믿음의 삶을 세워갑시다.

---

4) 야고보서 2장 22절 _ 네가 보거니와 믿음이 그의 행함과 함께 일하고 행함으로 믿음이 온전하게 되었느니라

5) 편지의 수신자가 정해지지 않고 교회 전체를 대상으로 한다. '일반서신'이라고도 하며 야고보서, 베드로전·후서, 요한1·2·3서, 유다서 등이 해당한다. 학자에 따라 히브리서를 공동서신에 포함하기도 한다.

6) Diaspora (디아스포라) : 흩어진 사람들이라는 뜻으로 팔레스타인을 떠나 세계로 흩어져 유대의 규범을 유지하는 유대인.

PART 1
입증책임
1
BURDEN OF PROOF

인내를 온전히 이루라

야고보서 1장 1–4절

〰〰〰

1. 하나님과 주 예수 그리스도의 종 야고보는 흩어져 있는 열두 지파에게 문안하노라
2. 내 형제들아 너희가 여러 가지 시험을 당하거든 온전히 기쁘게 여기라
3. 이는 너희 믿음의 시련이 인내를 만들어 내는 줄 너희가 앎이라
4. 인내를 온전히 이루라 이는 너희로 온전하고 구비하여 조금도 부족함이 없게 하려 함이라

바울은 서신을 통하여 우리가 어떻게 의롭게 되어 구원에 이르는가하는 것을 주로 이야기 했다면 야고보는 의롭게 된 사람은 어떻게 살아야 하는지를 주로 이야기하고 있습니다. 우리는 야고보서를 보면서 내 생각으로 정의된 단어를 구원받은 성도의 관점에서 재해석하고 그 의미를 생각해봐야 할 것입니다. 성경을 중심으로 그 의미를 새롭게 정의하는 일이 선행되어야 합니다.

우리가 먼저 살펴볼 것은 인내입니다. '인내를 온전히 이루라'는 말씀을 왜 우리에게 주셨는지에 대해 생각해보아야 합니다.

내 형제들아 너희가 여러 가지 시험을 당하거든 온전히 기쁘
게 여기라_ 야고보서 1장 2절

인내를 살펴보기 위해 먼저 2절에 나오는 시험에 대해 알아야
합니다.

우리에게 시험이란 무엇일까요?

야고보서 1장을 보면 시험에 대한 말씀이 두 번 있습니다. 1장
2절에서 보는 시험과 1장 12절에서 14절이 말하는 시험입니다.
'시험'이라는 같은 단어를 사용하지만 내용을 보면 다른 면이 있
습니다. 그것은 시험을 긍정적인 의미(시련 trial)로 사용했는지
아니면 부정적인 의미(유혹 temptation)로 사용되었는지에 따른
것입니다.

시험은 인생을 살아가는데 있어서 겪는 전반적인 어려움에 대
한 것입니다. 정신적인 고통과 육체적인 질병, 경제적인 어려움
과 대인관계, 갈등과 고민 등 대부분 우리가 살면서 경험하는 것
입니다. 외적으로 드러나는 시험의 모습은 비슷합니다. 그러나
시험이 이끌고 있는 과정과 그 결과가 긍정적이기도 하고 부정적
이기도 합니다. 야고보는 이러한 것을 염두에 두고 시험에 대하
여 이야기하고 있습니다. 우리가 보고자 하는 것은 2절에서 이야
기하는 시험입니다.

야고보는 질병과 고통, 갈등과 고민 등 시험을 긍정적인 의미
로 사용하고 있습니다. 그것은 온전히 기쁘게 여기라고 하는 말

에서 명확하게 드러나고 있습니다.

그렇다면 우리는 여러 가지 시험을 당할 때 온전히 기뻐할 수 있을까요? 아마도 내가 어려움을 당하고 있을 때 누군가가 옆에서 이런 말을 한다면 기분이 몹시 상할 것입니다. 아니 두 번 다시 얼굴을 보고 싶지 않을 수 있습니다. 일반적으로 생각하고 말할 수 있는 상황은 아니기 때문입니다.

야고보가 말하려는 참 뜻을 이해하려면 고난과 어려움이 주는 유익을 알아야 합니다.

눈앞에 고난이 오면 그 일로 인해 잠도 못자고 먹지도 못하는 힘겨운 시간을 보내기도 합니다. 어떤 계획을 세울 생각조차도 못하며 막막하고 답답함을 느낍니다. 마치 내일은 오지 않을 것 같다는 생각에 빠지기도 합니다. 그렇게 하루하루가 지나서 어느 날인가 돌아보면 힘들고 어려운 일 가운데서도 잘 버티며 살아왔다는 것을 깨닫게 됩니다. 그리고 비슷한 고난이 다시 찾아온다면 그때 보다는 훨씬 더 수월하게 이겨낼 수 있습니다. 고난은 마치 훈련을 통해 성장하는 선수처럼 혹은 아이들의 성장통과 같은 것이라고 생각하면 될 것 같습니다.

야보고가 말하는 고난 즉 시험이 주는 유익은 이렇게 경험을 통해 단련되고 성장하는 것이 전부일까요. 그렇지 않습니다. 우리는 야고보가 누구에게 말하고 있는가를 절대로 놓쳐서는 안 됩니다. 그는 지금 믿음으로 구원받은 성도에게 어떻게 살아야 하는지 말하고 있습니다. 따라서 고난이 주는 유익은 훈련으로 단련되는 것에 초점을 둔 것이 아니라 그것보다 더 큰 것인 자신을 발견하는데 있습니다.

고난이 오면 자신의 삶을 돌아보는 기회가 생깁니다. 지금까지 내가 중심이 되어 생각하고 진행했던 일에 제동이 걸리게 됩니다. 나의 연약함과 부족함을 인식하게 되는 순간입니다. 마음을 내려놓고 비로소 하나님 앞에 나아가게 됩니다. 내가 어떤 존재이고 하나님은 내게 어떤 분이신지에 대해 분명하게 알게 되는 기회가 됩니다.

그리스도인이라면 누구나 고난의 시간을 경험하며 연단을 거쳐 하나님께 집중하는 과정을 거칩니다. 그래서 지금은 고난이 올 때 생각합니다. 하나님께서 나를 통한 계획을 진행하고 계시는구나. 어떻게 성장할까? 어떤 일을 하게 하실까 하며 기쁨과 기대를 가지고 잠잠하게 기다리게 됩니다. 그렇다고 고난을 좋아하는 것은 아닙니다. 힘든 과정이라는 것을 잘 알기 때문입니다.

고난을 대하는 자세는 굉장히 중요합니다. 하나님의 자녀로서 주님을 향한 믿음을 가늠해 볼 수 있는 시금석이 되기 때문입니다. 또한 믿지 않는 세상 사람들에게 십자가의 증인으로서 세상을 살아가는 성도의 모습을 보여주는 섬네일[7]이 될 수 있기 때문입니다.

고난은 누구에게나 찾아옵니다. 하나님의 자녀인 성도에게도 마찬가지입니다. 성도가 세상 사람과 다른 것은 고난을 어떻게 받아들이느냐 하는데 있습니다. 우리가 고난을

> 7) 섬네일(thumbnail) : 인터넷 홈페이지나 전자책(e북) 같은 컴퓨팅 애플리케이션 따위를 한눈에 알아볼 수 있게 줄여 화면에 띄운 것으로 축소판, 견본 등으로 이해할 수 있다.

기뻐할 수 있는 이유는 고난 자체에 있지 않고 고난을 허락하신 분의 뜻과 이유가 담겨 있기 때문입니다.

이는 너희 믿음의 시련이 인내를 만들어 내는 줄 너희가 앎이라
_ 야고보서 1장 3절

여러 가지의 시험 즉 고난과 연단의 과정을 통해 하나님을 향하게 되고 믿음이 생겨나기 시작합니다. 그리고 믿음을 바탕으로 하여 인내하게 됩니다.

인내는 어떤 것인가요? 무언가 참기 어려운 것을 이를 악물고 버텨내는 것을 인내라고 생각하기 쉽지만 성경은 그렇게 말하지 않습니다. 견디는 것은 비슷합니다만 그 내면을 살펴보면 전혀 다른 것입니다.

성경에서 말하고 있는 인내는 고난과 여러 가지 시험을 피할 길이 없어서 어쩔 수 없는 마음으로 견디는 것을 말하는 것이 아닙니다. 로마서 5장 3절부터 5절에서는 인내를 이야기 하면서 '주신 성령으로 말미암아 하나님의 사랑이 우리 마음에 부은바 됨이니'라고 말하고 있습니다. 주님이 부어주시는 은혜로 오래 참음 가운데 있는 것을 인내한다고 말합니다. 하나님의 사랑이 우리 마음에 부어져야만 환난 중에서도 인내하며 소망을 품고 즐거워할 수 있다는 것입니다. 하나님의 사랑이 부어지는 것이 인내할 수 있는 이유입니다.

사람들은 대부분 어려운 환난이 닥쳐올 때 낙심하고 절망하니다. 철저히 혼자서 자신의 힘으로 그것을 해결하려고 하기 때문입니다. 그러나 우리에게는 십자가의 약속이 있고 성령의 임재하심이 있습니다. 우리의 고난과 고통을 어떤 누구도 이해하고 위로해 줄 수 없을지라도 성령님은 늘 함께 하십니다. 고난의 때에 위로해 주시고 도리어 성장하게 하시며 하나님의 일을 이루어 가십니다. 하나님과 더 친밀하게 동행할 수 있게 해주십니다. 정확하게 말하자면 내 고통을 하나님께서는 알고 계시고 그 과정을 귀하게 여기고 계시다는 것입니다. 그 과정 가운데 개입하셔서 아주 섬세하게 인도하시는 분이라는 것입니다. 고난의 파도가 마구 몰아치는 격정적인 환경이지만 우리의 마음이 깊은 바다의 속에 있는 것과 같이 평온할 수 있다는 것입니다.

그렇다면 우리는 언제까지 인내해야 하며 참아야 할까요? 가능하면 아주 짧게 지나갔으면 좋겠지만 그렇지 않습니다. 우리는 끝까지 참아야 합니다. 다시 말하면 하나님이 행하시는 때까지 오래 참고 인내해야 합니다.

───────────

인내를 온전히 이루라 이는 너희로 온전하고 구비하여 조금 도 부족함이 없게 하려 함이라 _ 야고보서 1장 4절

인내를 온전히 이루라는 것은 끝까지 그 과정을 기쁨으로 이겨내라는 것입니다. 끝까지 포기하지 말라는 것입니다. 마음을 품되 끝까지 품으라는 것입니다. 결국 고난을 당하고 있는 나의 상황을 하나님께서도 알고 계시니 하나님을 의심하여 믿음의 경로에서 벗어나지 말라는 것입니다. 이것 또한 내 힘으로 내가 버텨내는 것이 아니라 인내하게 하시는 성령님의 은혜를 의지하여 그 안에 머물러 있으라는 것입니다. 그럴 때 온전하고 구비하여 조금도 부족함이 없게 하신다는 것입니다.

그릇을 빚으시듯 우리를 빚어 가시는 하나님께서 필요에 따라 사용하시기에 부족함이 없도록 빚으실 것입니다. 그리고 마음껏 사용하시되 차고 넘치게 채워주신다는 것입니다. 시험을 위기로 만들지 말고 우왕좌왕 하지 말아야 합니다. 낙심과 절망으로 인해 믿음의 그릇에 금이 가도록 방치하고 회피해서는 안 됩니다.
하나님만 온전하게 신뢰하며 그 은혜와 사랑으로 끝까지 인내해야겠습니다. 그럴 때 우리는 하나님의 자녀로서 그에 합당한 은혜와 권세를 누리며 살아갈 수 있습니다.

하나님은 어제나 오늘이나 영원토록 동일하신 분입니다. 사망의 권세를 넘어 우리 가운데서 영원한 생명을 약속해주신 분입니다. 나 보다 나를 더 잘 알고 계시는 분입니다. 고난 가운데 어려워하고 절망하는 것이 아니라 그 문제보다 훨씬 크신 하나님만 바라봅시다. 그래서 하나님의 크신 은혜와 넘치는 사랑 가운데 인내를 온전하게 이루는 믿음의 거룩한 백성이 되기를 소망합니다.

지혜를 구하라

5. 너희 중에 누구든지 지혜가 부족하거든 모든 사람에게 후히 주시고 꾸짖지 아니하시는 하나님께 구하라 그리하면 주시리라
6. 오직 믿음으로 구하고 조금도 의심하지 말라 의심하는 자는 마치 바람에 밀려 요동하는 바다 물결 같으니
7. 이런 사람은 무엇이든지 주께 얻기를 생각하지 말라
8. 두 마음을 품어 모든 일에 정함이 없는 자로다

너희 중에 누구든지 지혜가 부족하거든 모든 사람에게 후히 주시고 꾸짖지 아니하시는 하나님께 구하라 그리하면 주시리라
_ 야고보서 1장 5절

하나님께서 창조하신 세계를 살펴보면 놀랍기만 합니다. 특히 우리 몸에 대해 알면 알수록 우리는 하나님의 신비를 깨닫게 됩니다. 우리 몸은 환경에 적응하고 외부로부터 스스로를 지키는

면역력과 치유 능력을 가지고 있습니다. 관리만 잘 하면 100년 가까운 세월을 무리 없이 사용할 수 있으니 말입니다.

우리가 먹을 수 있는 음식 재료들은 다양한 색과 모양으로 만드셨습니다. 뿐만 아니라 다양한 영양분을 서로 다르게 가지고 있기 때문에 우리는 음식을 골고루 섭취하면서 필요한 영양분을 공급받을 수 있게 됩니다. 그런데 우리 몸 안에서 생성되지 않는 영양분이 몇 가지 있습니다. 그 중 대표적인 것이 비타민D 입니다. 비타민D는 우리 몸이 햇볕에 일정시간 노출되었을 때 비로소 생성 됩니다. 이 비타민D는 우리 몸을 지키는 면역세포를 생성하는 일을 합니다. 그렇기 때문에 반드시 필요하고 없어서는 안 될 중요한 성분입니다.

우리는 세상을 살아가면서 직접적이고 간접적인 경험을 통해 우리 안에 지식을 축적합니다. 책을 통해서 혹은 경험과 말을 통해서 어떤 방법을 통해서든 살아 있다면 정보가 축적되는 것입니다. 마치 음식을 먹을 때 영양분이 들어오는 것처럼 말입니다. 그런데 학습과 경험으로 만들어지지 않는 것이 있습니다. 마치 비타민D와 같이 스스로 생성되지 않는 것입니다. 그것은 지혜입니다.

지혜는 생성할 수 없고 하나님께서 주셔야 채울 수 있습니다. 그래서 우리는 하나님께 구해야 합니다. 사전에서는 지혜를 이렇게 정의합니다.

① 지혜는 현실의 다양한 현상을 식별하는 동시에, 그것을 통합해서 이해하는 작용.

② 지혜는 사물의 이치를 빨리 깨닫고 사물을 정확하게 처리
   하는 정신적 능력.

그러나 하나님께서 정의하시는 지혜는 사전과는 다릅니다. 하나님을 아는 것과 그 존재를 인정하는 것이 지혜라고 말씀하고 있습니다.

여호와를 경외하는 것이 지혜의 근본이요 거룩하신 자를 아
는 것이 명철이니라 _ 잠언 9장 10절

지혜는 하나님의 속성 중 하나인 동시에 그리스도인이 성숙하면서 하나님의 존재와 그 뜻을 더욱 알게 되는 은혜의 선물이라고 말씀합니다.

이로써 우리도 듣던 날부터 너희를 위하여 기도하기를 그치
지 아니하고 구하노니 너희로 하여금 모든 신령한 지혜와
총명에 하나님의 뜻을 아는 것으로 채우게 하시고
_ 골로새서 1장 9절
이는 그가 모든 지혜와 총명을 우리에게 넘치게 하사
_ 에베소서 1장 8절

우리에게 지혜를 주시는 이유도 분명합니다. 하나님의 뜻을 이해하고 그 뜻에 합당한 삶을 살게 하기 위해서 입니다. 하나님의 뜻을 알고 그것으로 채우시는 것이 바로 지혜라는 것입니다.

그를 향하여 우리가 가진 바 담대함이 이것이니 그의 뜻대로 무엇을 구하면 들으심이라 우리가 무엇이든지 구하는 바를 들으시는 줄을 안즉 우리가 그에게 구한 그것을 얻은 줄을 또한 아느니라 _ 요한1서 5장 14~15절

지혜는 하나님으로부터 부어지는 것이고 주셔야만 얻을 수 있습니다. 그래서 지혜를 사모하고 지혜롭기를 구해야 합니다. 지혜를 사모하는 마음이 깊어질수록 하나님을 사랑하게 됩니다. 지혜는 곧 하나님이시며 그것을 구하는 것은 하나님의 뜻을 알고 그 뜻대로 살고자 하는 것이기 때문입니다.

무언가를 구하는 사람 즉 소유하기를 원하는 사람은 먼저 자신에게 그것이 필요하다는 것을 깨달아야 합니다. 그리고 부족하거나 없다고 느꼈을 때 구하게 되는 것입니다. 지혜도 마찬가지입니다. 하나님의 뜻을 아는 것이 얼마나 중요한 것인지를 깨닫고 그것을 향한 마음이 있어야 합니다. 그리고 나의 부족함과 연약함을 깨닫게 되었을 때 비로소 하나님께 구하게 됩니다. 이것은 나의 부족하고 연약함을 인정하고 하나님의 위대하심을 인정하는 것이 선행되어야 하는 것입니다. 하나님의 뜻을 사모하고 그 앞에서 철저하게 낮아진 내 모습을 발견한 후 주님께 기도하며 구할 때 모든 사람에게 후히 주신다고 말씀하십니다. 부족한 부분만을 채워주는 것이 아니라 넘치도록 채워주십니다. 어떤 조건과 자격을 내세우지도 수치심을 건들지도 않으시고 부족하다고 지적하며 꾸짖으시지도 않으시겠다고 말씀하십니다. 그 약속

을 믿고 구하면 하나님의 뜻을 알고 우리 삶의 이유와 방향과 목적을 알게 된다는 것입니다.

일을 행하시는 여호와, 그것을 만들며 성취하시는 여호와, 그의 이름을 여호와라 하는 이가 이와 같이 이르시도다 너는 내게 부르짖으라 내가 네게 응답하겠고 네가 알지 못하는 크고 은밀한 일을 네게 보이리라 _ 예레미야 33장 2~3절

하나님을 뜻을 안다는 것은 세상 삶의 본질을 알게 된다는 것입니다. 무엇이 옳고 그른지를 알게 되고 어디로 가야하며 어떻게 해야 하는지 그 방향을 알게 된다는 것입니다. 하나님의 뜻을 통해 세상을 바라보는 말씀의 안경을 쓰게 되는 것입니다. 그럼으로 하나님의 마음을 헤아리게 되고 그 마음을 품게 되며 온전한 하나님의 백성으로 하나님의 자녀로 살아가게 되는 것입니다. 이것이 바로 우리에게 약속하고 부어주시는 하나님의 지혜입니다.

우리는 하나님의 지혜로 세상을 살아가야 합니다. 어떤 것보다 그 지혜를 구해야 합니다. 그것이 이 땅에서 소명을 받고 사명자로 살아가는 것입니다. 성도로서 온전하여지는 길이고 영혼이 잘됨 같이 범사에 잘되며 강건하게 살아갈 수 있는 길입니다.

오직 하나님께만 시선을 두고 그분께서 부어주시는 지혜로 살며 작은 틈도 주지 말아야 합니다. 하나님의 시선에서 나의 시선으로 옮겨지면 어느 샌가 틈이 생기기 시작합니다. 나의 욕심과 경험, 이성적인 판단이 하나님의 뜻을 가리며 결국 의심의 큰 골을 만들게 합니다.

오직 믿음으로 구하고 조금도 의심하지 말라 의심하는 자는
마치 바람에 밀려 요동하는 바다 물결 같으니 이런 사람은 무
엇이든지 주께 얻기를 생각하지 말라
_ 야고보서 1장 6~7절

의심과 믿음은 공존할 수 없습니다. 의심을 한다는 것은 믿음
에 틈이 생겨 흔들리고 있다는 것입니다. 하나님의 말씀과 나의
생각 혹은 세상의 지식이 서로 충돌했고 그로 인해 하나님의 말
씀이 내 안에서 그 권위를 잃어가고 있다는 것입니다.

결혼 시즌이 되면 가끔씩 목양실로 찾아오시는 분들이 있습
니다. 예배시간과 지인의 결혼식 시간이 비슷해서 예배에 빠져야
할 것 같은데 어떻게 하면 좋겠느냐고 질문을 합니다.
질문하시는 분이 정말 몰라서 물어 보는 것일 수도 있지만 보
통은 자신이 행동하는 것에 대해서 동의를 얻고자 묻는 경우가
더 많습니다. 예배에 빠지면 안 된다는 것을 이미 알고 있지만
그 마음이 흔들리고 있기 때문에 질문하는 것입니다. 질문을 통
하여 자신이 원하는 답을 얻고 싶은 것이고, 뭔가 불편한 마음
을 목사님의 허락이라는 핑계로 지워버리고 싶은 마음이 있다는
것입니다. 하나님을 바라보는 시선이 흔들림으로 틈이 생겼다는
것입니다.

두 마음을 품는 다는 것은 어느 쪽도 100%가 아니라는 것입니다. 이것이 의심한다는 것이고 정함이 없는 것입니다. 하나님을 보면서 다른 것을 보며 갈팡질팡하는 시선을 가졌다는 것입니다. 결국 믿음이 없어 하나님을 바라보는 것에 실패했다는 것입니다. 이럴 때 우리가 해야 할 일은 하나님께 지혜를 구하는 것입니다. 믿음을 구하는 것입니다.

야고보는 6절에서 의심하는 것을 바람에 밀려 요동하는 바다 물결로 비유했습니다. 바다는 끝이 보이지 않을 만큼 넓고 바람에 흔들리면 커다란 빌딩을 삼킬만한 파도를 만들기도 합니다. 의심이 그렇다는 것입니다. 우리 내면에 의심의 바람이 불어오면 지금까지 쌓아 온 믿음도 흔적 없이 삼켜 버릴 수 있습니다.

의심은 외부의 영향을 받아 생기는 경우가 많습니다. 특히 믿음과 반대되는 누군가의 말이나 어떤 정보를 들으면서 시작되는 경우입니다. 한두 번은 지나치지만 지속적으로 정보에 노출 되면 나도 모르는 사이에 틈이 생기고 내면에 자리 잡게 됩니다. 이렇게 자리 잡은 의심은 모든 상황을 역전하기에 충분한 위력을 가지고 있습니다.

이러한 상황을 잘 보여주는 이야기가 있습니다. 마태복음에 보면 예수님께서 오병이어의 기적으로 많은 사람들을 먹이십니다. 사람들을 보내고 제자들을 배에 태워 보내신 후 혼자 산에 올라가 기도하셨습니다. 그리고 제자들이 있는 곳으로 가기위해 바다를 걸어 가셨습니다. 바람으로 인해 파도가 치는 가운데 물위를 걸어서 오시는 예수님을 보며 제자들은 놀랐습니다. 그 때 베드로가 말했습니다.

> 베드로가 대답하여 이르되 주여 만일 주님이시거든 나를 명하사 물 위로 오라 하소서 하니 오라 하시니 베드로가 배에서 내려 물 위로 걸어서 예수께로 가되
> _ 마태복음 14장 28~29절

예수님의 말씀에 따라 물위에 발을 디디고 섰습니다. 그리고 한걸음씩 예수님을 향해 걸었습니다. 상상할 수도 없는 일이 일어 난 것입니다. 오직 예수님의 말씀에 따라 오직 예수님만 보며 물위에 발을 놓았을 때 기적이 일어난 것입니다. 그러나 베드로는 여기에서 끝나지 않습니다.

> 바람을 보고 무서워 빠져 가는지라 소리 질러 이르되 주여 나를 구원 하소서 하니 예수께서 즉시 손을 내밀어 그를 붙잡으시며 이르시되 믿음이 작은 자여 왜 의심하였느냐 하시고
> _ 마태복음 14장 30~31절

베드로가 바라보던 시선이 예수님에서 바람과 파도로 옮겨 갔습니다. 예수님의 말씀만 듣고 예수님만 바라보았는데 예수님과 바람이 함께 보였고 파도소리가 함께 들렸습니다. 그리고 베드로

는 물속으로 빠졌습니다. 예수님께서는 베드로에게 왜 의심하였느냐고 말씀하십니다. 짧은 시간이지만 그가 예수님만을 향한 믿음에 빈틈이 보이는 순간 상황이 역전된 것입니다.

이집트(애굽)에서 나온 이스라엘 백성들 역시 같습니다. 비록 험한 광야 길 이지만 하나님께서 약속하신 땅을 걷고 있습니다. 홍해를 가르시고 쓴물을 단물로 바꾸시는 기적을 보았고 만나를 통해 먹이시는 하나님의 능력을 경험했습니다. 그럼에도 불구하고 그들은 불평과 원망의 말을 했습니다. 하나님의 능력을 눈으로 보고 경험했지만 내면에는 온전한 믿음이 없었기 때문입니다. 그렇기 때문에 문제가 있을 때마다 주변 상황을 보고 불평과 불만 그리고 후회의 말을 쏟아놓는 것입니다. 믿음을 향해 시선을 고정하지 못하고 이미 다른 곳에 마음을 빼앗겨 버렸습니다.

이스라엘 백성들만 그런 것은 아닙니다. 그들의 모습과 현재 우리 모습이 얼마나 비슷한지 모르겠습니다. 몸은 예배당에 있지만 마음은 늘 세상을 향하고 있습니다. 하나님이 주신 은혜로 살고 있다고 말하면서도 그 은혜를 사모하고 바라보는 것이 아니라 세상의 가치에 더 많은 시선을 빼앗기고 있습니다. 경제적인 풍요와 명예, 권력을 위해 교회를 이용하기도 합니다. 겉모양만 그럴 듯하게 차려입고 신앙인의 행세를 하지만 몸과 마음은 여전히 따로 움직이고 있습니다.

스스로에게 물어야 합니다. 지금 무엇을 바라보며 살고 있는

가? 어떤 소원을 가지고 구하고 있는가?

살아가는데 필요한 것을 구하는 것은 자연스러운 일입니다. 소원을 아뢰고 그것을 이루기 위해 힘쓰는 것 또한 당연한 일입니다. 그러나 그 모든 것이 하나님의 뜻 안에 있어야 합니다. 하나님의 마음을 알고 그 뜻을 알아야 합니다. 그러므로 하나님의 뜻을 아는 지혜를 구하는 것이 가장 먼저 되어야 합니다. 어떤 것도 하나님 보다 우선될 수 없기 때문입니다.

지혜를 구하는 것은 단지 문제처리의 능력을 키우거나 똑똑하게 살아가기 위한 것이 아닙니다. 그것은 모든 것의 주인이 되시는 하나님을 구하는 것입니다. 나의 생각이 아닌 창조주이신 하나님의 생각을 갖게 하는 것입니다. 내 관점이 아닌 하나님의 눈으로 세상 보기를 구하는 것입니다. 어떤 상황에서도 하나님을 의지하겠다는 것입니다. 우리가 할 수 있는 최선을 구하는 것입니다.

어떤 것도 대체할 수 없는 모든 것의 근원이고 근본이신 하나님을 찾고 그 뜻을 구하는 참으로 지혜로운 성도가 되어야 합니다.

낮은 형제, 부한 형제

야고보서 1장 9-11절

9. 낮은 형제는 자기의 높음을 자랑하고
10. 부한 자는 자기의 낮아짐을 자랑할지니 이는 그가 풀의 꽃과 같이 지나감이라
11. 해가 돋고 뜨거운 바람이 불어 풀을 말리면 꽃이 떨어져 그 모양의 아름다움이 없어지나니 부한 자도 그 행하는 일에 이와 같이 쇠잔하리라

사람들에게 복 받은 사람은 어떤 사람인지 물어보니 대체로 비슷하게 대답합니다. 부유한 가정에서 태어나 하고 싶은 일은 마음껏 해도 상속 받을 재산이 있어서 아무 염려 없는 사람, 이른바 '금수저'라 일컫는 사람입니다.

반대로 복 받지 못한 사람은 가난한 가정에서 힘들게 일하며 살아가는 사람, 이런 사람들을 '흙수저'라는 이름으로 부릅니다.

금수저와 흙수저라는 이름으로 복 받은 사람과 그렇지 못한 사람을 나누고 있는 것은 물질적인 풍요가 '복'이라고 생각하고

있기 때문입니다. 이것은 물질적인 풍요를 우리가 추구해야 할 최상의 가치로 두고 있다는 것입니다.

이런 현상이 지금 세대에만 있는 것은 아닙니다. 표현은 다르지만 과거에도 그랬습니다. 아이들이 읽는 동화를 살펴봐도 다르지 않다는 것을 알 수 있습니다. 가난한 집에 태어나 힘들고 어려운 삶을 살던 사람이 빼어난 외모와 깊은 학식이 있는 사람을 만납니다. 게다가 그는 부자에 권력까지 있습니다. 이 사람과 만나서 결혼 하는 것을 크게 복 받은 것으로 말하는 내용의 동화는 쉽게 찾아 볼 수 있습니다. 이처럼 물질적인 풍요가 복이라는 생각은 많은 사람들이 오래전부터 지극히 당연한 것으로 인식하고 있습니다.

초대교회 안에도 부유한 사람과 궁핍한 사람이 함께 있었습니다. 빈부의 격차가 크고 신분의 차이가 나는 사람들이 성도가 되어 함께 교회 공동체를 이루고 있었습니다. 그러다 보니 자연스럽게 세상의 기준을 가지고 교회 공동체를 보게 되고 그에 따른 문제가 생기게 된 것입니다. 빈부와 귀천이 성도 사이를 힘들게 하고 있습니다. 지금 우리가 살아가는 사회처럼 물질의 문제가 큰 시험거리가 되었다는 것입니다. 아니 철저한 계급 사회였기 때문에 지금 우리 사회보다 더 큰 차별이 있고 그것을 당연하게 여겼을 것입니다. 이러한 상황에서 야고보는 성도들에게 어떻게 말하고 있을까요?

우리는 '낮은 형제'와 '부한 형제'를 통하여 야고보가 말하는 바른 물질관을 세우고 우리의 삶에서 어떻게 해야 할지 생각해 볼 수 있습니다.

낮은 형제는 자기의 높음을 자랑하고 _ 야고보서 1장 9절

신분이 낮고 경제적으로 궁핍한 생활을 하며 로마의 압제로 인해 자유롭지 못한 생활을 하고 있는 사람이 있습니다. 즉 사회에서 가장 형편없는 위치에 있는 사람이 여기서 말하는 낮은 형제라고 생각하면 됩니다.

이렇게 천하고 가난한 사람에게 자랑할 것이 무엇이 있겠습니까? 요즘 세상에서는 가난해도 자식이 공부를 잘한다면 그것이 자랑거리가 되고 희망이 될 수 있겠지만 당시에는 공부를 시킬 수도 없었을 테니 작은 희망조차도 없는 상황입니다. 아무리 자랑할 것을 찾아도 찾기 어려운 상황입니다. 그런데 성경에서는 낮은 형제는 자기의 높음을 자랑하라고 말씀하고 있습니다. 사회적으로 경제적으로 어떤 위치에 있는지 잘 알고 있음에도 불구하고 높은 것을 자랑하라고 말하고 있습니다. 그것은 세상의 시각으로 보지 못하는 다른 것이 있다는 것입니다. 많은 사람들의 눈에는 형편없이 불쌍하고 천한 삶을 살고 있다고 보이지만 하나님의 시선은 그런 것이 아니라는 것입니다. 가장 귀하고 무엇으로도 바꿀 수 없는 가치 있는 존재가 되었기 때문입니다.

야고보는 2장 1절에서 믿음을 가졌으니 사람을 차별하여 대하지 말라고 말하고 있습니다. 하나님의 은혜로 그의 자녀가 되었고 예수를 그리스도라 부르는 성도가 되었으며 핏 값으로 세운 교회가 된 것입니다. 하나님의 자녀는 더 이상 낮지 않습니다. 하나님의 은혜로 낮은 자가 아니라 형제의 신분을 얻은 것입니다. 하나님 안에서 우리는 자녀이며 거룩한 성도가 되었습니다. 한 아버지에게 난 자녀들은 모두가 형제이고 자매라는 것을 생각한다면 분명할 것입니다. 지위 고하를 막론하고 빈부의 격차를 떠나서 모두가 같은 형제이기에 서로를 존중하며 동일하게 대하라는 것입니다. 그것이 옳다는 것입니다. 낮은 형제는 단순히 신분이 낮다는 것만을 이야기하는 것이 아닙니다.

빌레몬서는 바울이 로마에 있을 때 골로새 교회에 있는 빌레몬에게 보낸 편지입니다. 바울은 주인에게서 도망친 종 오네시모가 복음을 듣고 그리스도인이 되었다는 사실을 주인인 빌레몬에게 알게 합니다. 당시 로마의 법은 주인이 종을 죽일 수도 있을 만큼 무제한적인 권한이 있었습니다. 그럼에도 불구하고 오네시모를 주인인 빌레몬에게 보내면서 그를 용서해 줄 것을 말합니다.

이 후로는 종과 같이 대하지 아니하고 종 이상으로 곧 사랑 받는 형제로 둘 자라 내게 특별히 그러하거든 하물며 육신과 주 안에서 상관된 네게랴 그러므로 네가 나를 동역자로 알진대 그를 영접하기를 내게 하듯 하고
_ 빌레몬서 1장 16~17절

바울은 용서뿐만 아니라 이제는 오네시모가 그리스도를 영접

했으니 더 이상 종이 아니라고 말합니다. 그를 형제라고 부릅니다. 바울은 종인 오네시모를 자신에게 대하듯 대해줄 것을 요청하고 있습니다.

교회 안에서 사회적으로 신분이 낮고 경제적으로 어려운 사람이라고 하더라도 그리스도인이 되는 순간 하나님의 자녀로서 영적인 신분 변화뿐만 아니라 같은 형제자매로 육적이고 관계적인 정체성까지도 변화되는 것을 말하고 있습니다.

낮은 형제가 자기의 높음을 자랑할 수 있는 이유가 바로 여기에 있는 것입니다.

우리가 어떠한 처지에 놓여 있을지라도 절망하고 낙심하지 말 것은 주님의 자녀가 된 사실이 있기 때문입니다. 아무것도 없을지라도 감사하며 자랑할 수 있는 것 역시 주님의 자녀가 된 사실 때문입니다. 이것이 우리에게 가장 가치 있고 소중한 최고의 자랑거리가 되는 것입니다.

─────────────

부한 자는 자기의 낮아짐을 자랑할지니 이는 그가 풀의 꽃과 같이 지나감이라 _ 야고보서 1장 10절

부한 형제는 얼핏 생각해봐도 자랑할 것이 많습니다. 높은 지위와 많은 재산 그리고 그를 따르는 인맥과 권력 등 일일이 나열하지 않아도 충분히 추측할 수 있습니다. 그런데 이렇게 자랑할 것이 많은 사람에게 자랑할 것은 낮아짐이라고 말하고 있습니다. 남들보다 높은데 있고 많은 것이 있어서 낮아질 것은 도무지

없어 보이는데 낮아짐을 자랑하라고 말하고 있습니다. 야고보가 말하는 이것 또한 세상의 시선이 아니라 하나님의 시선으로 보아야만 볼 수 있는 것입니다.

부한 형제 역시 하나님의 은혜로 예수를 그리스도라 믿어 구원 받고 하나님의 자녀가 되었습니다. 이제 그의 삶은 하나님이 왕되시고 그 뜻에 합당하게 살아야 하는 사람이 된 것입니다. 자신이 가지고 있는 권력과 재물을 통하여 다스리고 지시했던 사람에서 이제는 하나님의 말씀에 순종하며 그 뜻에 따라 살아야 하는 사람으로 바뀐 것입니다. 하나님의 자녀이고 하나님의 종으로 쓰이게 되는 것입니다. 남을 부리는 사람이 아니라 명령을 받는 사람이 된 것입니다. 예수를 믿어 그 분의 종이 되었고 낮아졌다는 것입니다. 낮은 자를 찾아오시는 하나님의 깊은 은혜를 알게 되고 그 은혜로 사는 것을 자랑하라는 것입니다. 그리스도 안에서 낮아진 신분은 곧 가장 큰 은혜이고 인생에 있어서 가장 큰 복이라는 것입니다. 이것이 부한 형제에게 말씀해주시는 낮아짐의 자랑입니다.

어떻게 보면 역설적으로 보이지만 실상은 그렇지 않습니다. 복 이라는 개념이 우리의 시각으로 고정되어 있기에 그렇게 보이지만 하나님의 관점으로 본다면 그것은 당연한 것입니다.

낮은 형제든 높은 형제든 누구라도 그리스도 안에서 자랑하고 그에 합당한 삶을 살아야 합니다. 그렇다면 낮은 형제가 높아지는 것을 자랑하는 것과 높은 형제가 낮아지는 것을 자랑하는 것 중 어떤 것이 더 어려울까요?

예수께서 제자들에게 이르시되 내가 진실로 너희에게 이르노
니 부자는 천국에 들어가기가 어려우니라 다시 너희에게 말
하노니 낙타가 바늘귀로 들어가는 것이 부자가 하나님의 나
라에 들어가는 것보다 쉬우니라 하시니

_ 마태복음 19장 23~24절

마태복음 19장에는 부자 청년이 예수님을 찾아오는 장면이 나
옵니다. 그는 예수님께 어떤 선한 일을 해야 영생을 얻을 수 있느
냐고 묻습니다. 예수님께서는 계명을 지키라고 말씀하시지만 청
년은 어려서부터 지켰다고 말합니다. 이에 예수님께서는 네 소유
를 팔아서 가난한 사람들에게 나누어 주라고 말씀하십니다. 청년
은 이 말을 듣고 근심하며 예수님을 떠났습니다.

부자 청년은 자신이 가지고 있는 것이 많기 때문에 그것을 나
누는 것에 부담을 느꼈습니다. 다시 말하면 계명에서 말하는 것
을 표면적으로는 지켰을지 모르지만 내면적인 것까지 완전하게
계명을 지키지 못하고 있다는 것을 보여주고 있습니다. 그리스도
인이 되어 새로운 생명을 얻고 하나님의 시선으로 옮겨졌다고 말
하지만 실제로 그가 버리고 포기해야 하는 기득권과 자신의 재물
앞에서는 그렇게 되지 못하는 것을 보여주고 있습니다.

부한 사람이 그리스도인이 된다는 것은 자신의 많은 것을 포
기해야 하는 것입니다. 마음만 낮아졌다고 생각하는 것이 아니라
실제로 자신이 부리던 종을 형제로 대해야 하는 것입니다. 가난
한 형제에게 재물을 나누어야 하는 것입니다. 그렇기 때문에 부
한 형제가 낮아지는 자리에 가는 것은 정말 힘든 일이 되는 것입

니다. 오직 하나님만 의지하고 결단 할 때 가능할 것입니다.

해가 돋고 뜨거운 바람이 불어 풀을 말리면 꽃이 떨어져 그
모양의 아름다움이 없어지나니 부한 자도 그 행하는 일에 이
와 같이 쇠잔하리라 _ 야고보서 1장 11절

부한 것을 풀이 마르고 꽃이 떨어지는 것과 같다고 말합니
다. 풀을 마르게 하는 것은 강렬한 태양과 뜨거운 바람입니다. 아
이러니하게도 태양과 바람을 피해서 살 수 있는 풀은 없습니
다. 태양과 바람은 살리기도 하고 죽이기도 하는 것입니다. 거리
에 만발하던 벚꽃의 꽃잎이 어느샌가 다 떨어지는 것을 봅니다.
언제까지나 그대로 있을 것 같지만 시들고 사라져 버립니다.

사람도 비슷합니다. 살면서 시간이 흐르는 것과 나이 먹어 몸
이 늙어 가는 것을 피할 수 있는 사람은 아무도 없습니다. 아무리
많은 재산과 큰 권력을 가지고 있다고 해도 시간 앞에서는 모두
동일하게 늙어 갈 뿐입니다. 스스로 많은 것을 할 수 있다고 생각
하지만 결국 자신의 몸 하나 마음대로 못하는 연약한 존재인 것
입니다. 그 누구도 영원하신 하나님의 통치와 계획하심을 거스를
수 없습니다. 그렇기 때문에 자신이 소유하고 누리는 권력과 재
물을 과시하고 자랑할 것이 못된다고 말씀하는 것입니다.

최고의 기준으로 삼았던 세상의 힘과 물질적인 것이 아무것도
아니고 허망하다는 것을 깨달을 때 비로소 하나님을 만나게 되는
것이고 그것이 인생에서 가장 큰 은혜라는 것입니다.

하나님을 알게 되고 높아진 자리에서 내려와 그의 종이 되어 하나님의 은혜를 경험하는 것이 진정으로 자랑 할 거리 입니다. 그렇기 때문에 이를 아는 부한 형제는 자신의 낮아짐을 그토록 자랑하게 되는 것입니다.

어렸을 때 구슬치기에 흠뻑 빠진 적이 있습니다. 어떻게 하면 더 많은 구슬을 가질 수 있을까 고민하며 그 누구보다 열심히 구슬치기에 힘을 쏟았습니다. 어느 날인가 부모님께서 사주신 새 자전거를 타고 나갔습니다. 구슬치기에 모든 정신을 쏟고 있는 동안 옆에 세워둔 제 자전거를 누군가가 끌고 가버렸습니다. 어떻게 해야 할지 잠시 고민했지만 이내 잊어 버렸습니다. 구슬을 더 많이 얻기 위해서는 잠시도 틈을 줄 수 없었기 때문입니다. 해질녘까지 열심히 구슬을 모아서 의기양양하게 집으로 향했습니다. 승리의 감격에 취해 자전거는 까맣게 잊은 채로 말입니다. 과연 어떤 일이 벌어졌을까요? 제 모습을 본 어머니는 무슨 말씀을 하셨을까요? 구태여 이야기를 하지 않아도 충분히 상상할 수 있습니다. 지금 생각해 보면 그 때 행동이 얼마나 어리석었는지 웃음이 저절로 나옵니다. 그렇지만 그 때는 정말 진지했습니다. 친구들의 구슬을 따야하고 그것을 모두 휩쓸어 버리는 것이 가장 큰 목표이고 소망이었습니다. 그 어떤 것보다도 크다고 여겨졌던 것입니다. 눈앞에 보이는 것에 몰입해 있었기 때문에 진짜 중요하고 가치 있는 것이 무엇인지 내가 무엇을 선택해야 하는지 몰랐던 것입니다.

우리의 삶도 마찬가지입니다. 눈에 보이는 물질과 권력, 명예

등 우리가 중요하게 여기며 그게 아니면 안 될 것처럼 여깁니다. 그것을 얻으려고 모든 힘을 쏟으며 살고 무언가를 이루었다고 생각하지만 하나님께서는 그것이 아무런 가치가 없다고 말씀하십니다. 네게 진짜 중요한 것이 무엇이냐고 묻고 계십니다.

우리는 모두가 하나님께서 만드신 피조물입니다. 가치를 부여하고 그것을 평가할 만한 권한이 없습니다. 세상에서 말하는 가치와 의미는 임의적으로 부여된 변하는 값이라는 것입니다. 오직 하나님만이 절대적인 가치를 부여하고 그것을 평가하는 기준이 되실 수 있습니다. 따라서 우리가 낮은 형제 혹은 부한 형제라고 말할 수 있는 것도 역시 하나님의 기준에 따라야만 하는 것입니다.

우리는 이 땅의 삶에서 낮은 곳이든 높은 곳이든 어느 곳에서나 시선을 하나님께 맞추어야 합니다. 그리고 하나님 안에 있는 것을 자랑하고 그에 명령에 순종하며 살아야 합니다. 그것이 성도의 합당한 삶이라는 것을 기억하면서 말입니다.

형제들아 속지 말라

가끔 거리에서 포교활동을 하는 사람들의 이야기를 들어보면 그 곳으로 가면 모든 문제는 해결되고 평생을 어려움 없이 사는 것처럼 이야기 합니다. 이제 고생은 끝이고 남은 생은 꽃길만 걸을 것 같은 착각을 하게 합니다. 그 이야기가 귀에 솔깃하게 들리는 것은 우리는 누구나 평안한 생활을 하며 문제없이 안정된 삶을 원하기 때문입니다.

그런데 그리스도인이 되어 말씀대로 산다는 것은 아무런 어려움 없이 평탄한 삶을 사는 것을 의미하지는 않습니다. 말씀을 듣고 그 말씀대로 살려고 결단하고 노력하지만 번번이 만나는 문제와 시련은 우리의 믿음을 흔들리게 합니다. 그럼에도 불구하고 끝까지 말씀을 놓치지 않도록 참고 견디는 인내가 있어야 하는 것이 인생입니다.

인내는 어려움과 시련이 전제되어야 합니다. 헬라어로 '페이라스모스'는 한글로 모두 시험이라고 쓰고 있지만 그 안에는 크게 두 가지의 의미가 있습니다. 긍정적인 의미로 '시련(trial)'을 사용하여 어려운 가운데서도 허락된 시험을 통하여 하나님께 더 가까이 가는 유익을 주는 것이었습니다. 그리고 다른 하나는 부정적인 의미로 사용되는 '유혹(temptation)' 입니다.

———————

사람이 시험을 받을 때에 내가 하나님께 시험을 받는다 하지 말지니 하나님은 악에게 시험을 받지도 아니하시고 친히 아무도 시험하지 아니하시느니라 오직 각 사람이 시험을 받는 것은 자기 욕심에 끌려 미혹됨이니
_ 야고보서 1장 13~14절

'유혹'이라는 단어를 들으면 어떤 것이 떠오릅니까? 무언가 어둡고 음흉해서 피해야 할 것 같은 느낌이 듭니다. 유혹의 목적과 그가 이끄는 방향은 항상 바르지 않은 곳이기 때문입니다.

하나님께서는 우리를 유혹하지 않으십니다. 그것은 하나님과 다른 길을 가기를 원하는 악한 영으로부터 나온 것입니다.

유혹을 뿌리치는 것은 상당히 어렵습니다. 왜냐하면 유혹은 나에 대해 너무나 잘 알고 있기 때문입니다. 나의 연약한 부분을 알고 나를 자극해서 넘어뜨릴 수 있는 급소를 잘 파악하고 있습니다. 그래서 언제나 나의 약점을 통해서 접근하고 공격을 시도합니다. 금전적인 어려움으로 고민하고 있을 때 보란 듯이 눈앞에 돈이 될 만한 것을 보여 줍니다. 명예와 권력이 필요할 때 거리낌이 있지만 그것을 얻을 수 있는 좋은 방법을 알려줍니다. 적재적소에 투하하는 포탄처럼 정확하게 공격하는 이런 공격을 어떻게 피할 수 있겠습니까. 외투와 황금을 훔쳤던 아간과 자신을 높이려 했던 사울 그리고 밧세바를 탐했던 다윗도 넘어졌습니다. 유혹에게 패배한 것입니다.

유혹은 약점으로 생각하는 그 것을 다른 것 보다 커보이게 만들고 그게 아니면 안 될 것처럼 만듭니다. 믿음과 이성을 흐리게 해서 올바른 판단을 하지 못하게 만듭니다. 그래서 유혹이 눈앞에 있을 때는 그 자리를 피하는 것이 가장 좋은 방법입니다.

창세기에서 요셉은 보디발장군의 집에 노예로 팔려 갑니다. 요셉의 모습에 마음이 끌렸던 보디발장군의 아내는 요셉을 은밀하게 유혹 합니다. 그때 요셉은 여러 가지를 고민할 수 있습니다.

부인의 말을 들어야 할까? 거절해야 할까? 거절한다면 불이익이 생길 수도 있는데? 어떻게 거절하지? 등 수많은 경우의 수를 생각해야 하고 그에 대한 대답을 하며 의사 결정을 해야 합니다. 그러나 요셉은 경우의 수를 고민 하지 않았습니다.

> 그 여인이 그의 옷을 잡고 이르되 나와 동침하자 그러나 요셉
> 이 자기의 옷을 그 여인의 손에 버려두고 밖으로 나가매
> _ 창세기 39장 10~12절

요셉은 자리를 피했습니다. 유혹 앞에서 고민할 틈조차 주지 않은 것입니다.

청년들에게 이야기 합니다. 이성과 데이트 할 때 밀폐된 공간에 둘이 있는 것을 피하라고 합니다. 또한 유흥주점 같은 곳에 가서 "주님 제가 유혹에 넘어가지 않도록 지켜주세요" 라고 기도하지 말고 아예 그런 곳에 가지 말라고 합니다. 우리는 스스로 이길 수 있다고 하지만 결코 쉬운 것이 아닙니다. 어떤 틈도 보이지 않도록 완전하게 봉쇄하지 않으면 우리의 눈에서 생각으로 그것이 발걸음 움직여 스스로 유혹 속으로 걸어가도록 합니다.

유혹이 우리를 데리고 가는 곳은 결국 '죄'를 짓는 곳입니다. 죄가 우리의 생각과 마음에 자리잡고 생각의 틀을 바꿔놓는 것입니다. 믿음을 흔들어 하나님과 관계없는 사람이 되도록 하는 것이 목표입니다. 이러한 유혹을 어떻게 인식해야 하는지 크게 두 가지로 살펴보도록 하겠습니다.

첫째, 죄를 우습게 여기지 말아야 합니다.

성경에서는 하나님을 떠난 것을 죄라고 분명하게 말하고 있습니다. 우리는 말씀을 통해 죄가 무엇인지 충분하게 인식하고 분별할 수 있습니다. 그러나 아주 사소하다고 생각하는 것을 소홀하게 여기고 간과할 때 우리는 죄를 허용하게 됩니다. 죄를 허용하면 그것이 점점 커지면서 돌이킬 수 없는 지경에 이르기도 합니다. 양심에 가책이 되고 자책하게 됩니다. 그리고 죄책감으로 인해 고민하게 됩니다. 이 때 죄책감을 벗으려는 사람에게는 두 가지 형태의 반응을 보입니다.

하나는 죄책감을 떨쳐버리는 것이고 다른 하나는 죄책감을 무감각하게 만드는 것입니다. 죄책감을 떨쳐버리는 것은 하나님께 정직하게 고백하고 죄의 결과에 대해 책임을 다하는 것입니다. 그리고 그 방향을 돌려 다시 하나님께 초점을 맞추는 '회개'의 모습입니다.

다른 반응은 죄를 덮고 무감각하게 만드는 것입니다. 어떻게 해서든지 감추어 보려고 애쓰는 것입니다. 하나님의 시선으로 바라보지 않고 자신의 입장에서 합리화하고 불가피해서 어쩔 수 없었다고 스스로를 안심 시킵니다. 양심을 가책을 무시하고 무감각해집니다. 죄책감에 눌려 하나님의 시선 밖으로 자신을 내몰아갑니다. 이런 일이 반복되면 결국 죄에 무뎌진 삶으로 살아가게 되는 것입니다. 양심과 죄를 죄로 알게 됨은 그리스도인으로 살아가면서 죄와 마주쳤을 때 그것에 빠지지 않도록 하는 경고이자 보호 장치인 셈입니다. 그런데 이런 장치를 무기력하게 만든다면 우리는 하나님에게서 멀어지는 것을 느낄 수조차 없는 죄에 무방

비한 상태가 되는 것입니다. 죄는 틈타는 것에 머물지 않습니다. 선한 생각을 점령하며 확장해 갑니다..

욕심이 잉태한즉 죄를 낳고 죄가 장성한즉 사망을 낳느니라
_ 야고보서 1장 15절

누구나 욕심은 있습니다. 그런데 작은 욕심일지라도 그것에게 관심을 주고 자라날 수 있게 한다면 문제는 심각해집니다. 욕심이 내 생각과 이성을 마비시키고 오히려 그것을 삼켜버리면 나의 내면은 온통 욕심으로 가득 차게 됩니다. 그리고 그것이 점점 커지면서 죄를 향해 달려가게 합니다. 욕심을 통제할 수 없고 죄에 노출까지 되어 이제는 스스로 회복할 수 없는 상황에 이르게 됩니다. 죄의 통제를 받을 수밖에 없는 상황에 이르게 됩니다. 결국 하나님의 손에 이끌린 삶이 아니라 죄에 이끌려 다니는 삶으로 전락하며 영원한 죽음의 자리로 걸어가게 되는 것입니다. 별 것 아니라고 여겼던 것이 결국 우리의 삶을 완전하게 바꾸어 놓을 수 있다는 것입니다.

미국은 복음의 기반으로 세워진 나라입니다. 영국의 청교도들이 신앙의 자유를 찾아 신대륙으로 건너가 나라를 세웠습니다. 그들은 새로운 땅에 도착해서 처음으로 교회를 세웠고 하나님 말씀을 바탕으로 헌법과 규칙을 만들었습니다. 살아가는 기준을 복음에 두고 학교마다 기도로 시작하고 신앙을 고백하며 함께 사도

신경과 주기도문을 읽었습니다. 이렇게 철저하게 신앙으로 무장한 나라가 바로 미국입니다. 그러나 자유와 인권이라는 이름으로 조금씩 틈이 생기기 시작했습니다. 복음을 위해 시작된 일들이 일방적인 행위이고 자유와 인권에 어긋나는 일이라고 규정하며 하나씩 지워가기 시작했습니다. 기도가 사라지고 말씀이 사라졌습니다. 처음에는 어색하지만 점점 그것을 자유라고 생각하고 당연한 권리라고 생각했습니다. 어느 날부터 포르노가 허용되었습니다. 인권이라는 이름으로 동성애를 허용하고 동성결혼까지도 허용합니다.

자유연애가 일부나제제로 변했지만 거기에 만족하지 못한 사람들은 이제 한사람과 결혼하는 것이 아니라 여러 사람과 결혼할 수 있는 다중혼까지도 허락하는 단계에 이르렀습니다. 서로에 대한 사랑과 신뢰가 바탕이 되고 존중되는 결혼은 구시대적인 것으로 인식하게 된 것입니다. 신랑과 신부는 오직 두 사람만 사랑하고 평생을 함께 하겠느냐는 질문은 이제 더 이상 필요치 않게 된 것입니다.

아이들을 성적인 대상으로 생각하고 동물과 관계를 맺고 결혼까지 하는 일도 일어나고 있습니다. 심지어 동물을 위한 교회와 목회자가 있다는 것은 성경의 권위는 어디에서도 찾아 볼 수 없는 처참한 상황에 이르렀다는 단면을 보여 줍니다.

최근 뉴스에 따르면 캘리포니아에서는 전도하는 것이 불법이고 성경책을 파는 것조차도 불법으로 규정하는 법안이 발의된 상태라고 합니다. 하나님만 바라고 신앙의 자유를 위해 세워진 나라가 어떻게 이런 모습으로 변했을까요. 그것은 작은 욕심과 죄를 간과하고 무감각하게 여겼기 때문입니다. 마치 구멍하나가 점점 커져 마침내 댐을 무너뜨리는 상황이 된 것입니다. 죄에 둔감하게 반응하는 것은 이렇게 무서운 결과를 가져옵니다.

저는 아이들이 게임하고 텔레비전 보는 것에 관대한 편입니다. 그러나 아이들이 보지말아야 할 것은 엄격하게 제한하고 있습니다. 마음속에 자연스럽게 하나님과 관계없는 죄의 씨앗이 뿌려질 수 있기 때문입니다.

> 도둑이 오는 것은 도둑질하고 죽이고 멸망시키려는 것뿐이요 내가 온 것은 양으로 생명을 얻게 하고 더 풍성히 얻게 하려는 것이라 _ 요한복음 10장 10절

죄는 우리에게 친절한 모습으로 다가옵니다. 마주하는 사람이 쉽게 눈치 채지 못하도록 말입니다. 도둑질하고 누군가를 속이려면 어떻게 하겠습니까? 친절하게 대하고 온화하고 인자한 모습으로 나는 절대 나쁘게 행동할 사람이 아니라는 것을 최대한 상대방에게 보여야 합니다. 그래야 상대방이 긴장을 풀고 내가 원하는 대로 움직이기 때문입니다.

그러나 우리가 반드시 알아야 할 것은 아무리 친절하고 인자한 모습을 하고 있더라도 그가 목표 하는 것은 속이는 것이고 도둑질하는 것입니다.

죄의 모습이 동일한 것입니다. 자유롭고 평안한 모습을 가지고 있지만 결국 하나님을 향한 우리의 마음과 생각 그리고 믿음을 빼앗는데 목적이 있습니다. 그래서 영원한 죽음으로 끌고 가

려는 것입니다.

죄를 헬라어로 '하마르티아'라고 합니다. 화살을 쐈는데 그 것이 과녁을 벗어났다는 의미입니다. 즉 죄는 우리가 하나님을 향해야 하는데 거기에서 벗어나 다른 곳을 향해 가고 있는 모든 것을 말하는 것입니다. 활시위를 당길 때 누구나 표적지의 중앙을 겨냥 합니다. 세심하게 숨을 고르고 시위를 놓는 순간 화살은 표적지를 향해 날아갑니다. 아주 짧은 순간 미세한 차이가 표적지에 닿을 때 즈음엔 큰 차이를 만듭니다. 그리스도인으로 사는 우리의 생활도 마찬가지입니다. 하나님을 향헤 똑바로 달려가기를 힘쓰지만 내 속에 들어오는 미세한 유혹과 죄를 무시할 때 그 결과는 엄청나게 달라질 것입니다. 아무리 작은 죄의 모습이라도 그것을 가볍게 여기고 우습게 여겨서는 안 될 것입니다. 죄는 인자한 미소 뒤에 날카로운 칼날을 들고 가까이 오기만을 기다리고 있기 때문입니다.

내 사랑하는 형제들아 속지 말라 _ 야고보서 1장 16절

둘째, 속지 말아야 합니다.
청국장 냄새를 처음으로 맡았을 때를 잊지 못합니다. 후각을 자극하는 냄새가 얼마나 강했던지 이런 음식을 어떻게 먹을까 하는 생각마저 들었습니다. 그런데 시간이 지나면서 여러 번 냄새를 맡다보니 지금은 그 냄새가 구수하게 느껴질 만큼 익숙해 졌습니다. 반복을 통해서 자극에 익숙하게 되어 느끼지 못하게 된 것입니다. 우리가 죄를 대하는 것도 마찬가지입니다.

세계적으로 에이즈 환자는 줄어드는 추세에 있지만 우리나라는 점차 늘고 있습니다. 10대와 20대의 감염률이 큰 폭으로 증가했으며 특히 초등학교 고학년에서 중학생까지의 수치가 20%가 넘어섰다는 자료를 보았습니다. 정말 놀라지 않을 수 없는 사실입니다. 조사에 따르면 이런 결과가 나온 것은 문화적인 영향이라고 합니다. 영화, 음악, 웹툰(만화) 등 아이들이 쉽게 접하는 콘텐츠를 통하여 자연스럽게 음란과 폭력, 동성애를 접한다는 것입니다. 잘못된 것으로 생각하고 거부했던 사회적 통념이 문화로 포장되어 지속적으로 접근하고 노출되어 거부감 없이 받아들여진 것입니다. 청국장 냄새가 적응된 것처럼 거부감이 친숙함으로 바뀌며 적응된 것입니다. 이제는 더 이상 폭력과 동성애 같은 죄가 혐오스러운 것이 아니고 배척할 것이 아니라고 여깁니다. 거기에 한걸음 나아가 이런 생각과 문화를 인정하고 받아들이는 것이 마치 세련되고 열린 사고를 가진 사람이라고 인식 한다는 것입니다. 죄가 아니라 선택 할 수 있는 것이고 개인의 취향이라고 말합니다. 인간이 할 수 있는 다양한 것 중 하나라고 여기는 것입니다. 이것이 바로 죄의 속성입니다. 우리는 절대로 속지 말아야 합니다.

*온갖 좋은 은사와 온전한 선물이 다 위로부터 빛들의 아버지
께로부터 내려오나니 그는 변함도 없으시고 회전하는 그림자
도 없으시니라 그가 그 피조물 중에 우리로 한 첫 열매가 되
게 하시려고 자기의 뜻을 따라 진리의 말씀으로 우리를 낳으
셨느니라 _ 야고보서 1장 17~18절*

유혹은 우리의 약점을 파고들어 죄가 있는 곳으로 인도합니
다. 너무도 집요하고 끈질기게 공격해 옵니다. 무엇을 선택해야
할지 어떤 것이 옳은지 선택할 수 없을 만큼 시시각각 변하여 혼
란스럽게 합니다. 이런 때 우리는 어떤 가치관을 가지고 죄를 이
길 수 있을까요. 우리의 자녀들에게는 어떻게 바른 가치관을 갖
도록 할 수 있을까요.

복잡한 것 같지만 답은 간단합니다. 변하지 않는 기준을 우리
의 가치관으로 삼으면 될 것입니다. 모든 것은 피조된 것이므로
유한하다는 성질을 가지고 있습니다. 문화와 풍습, 법률과 도덕
적 기준마저도 유한하고 상대적이기 때문에 절대시 할 수 없습니
다. 그러나 창조주이신 하나님은 변함없고 앞으로도 변하지 않으
실 것입니다.

하나님을 우리의 가치관으로 삼는 다는 것은 모든 것을 하나
님의 말씀을 통해서 바라본다는 것입니다. 모든 삶의 자리에 하
나님을 초청하고 그 말씀을 따르는 것입니다. 삶의 다양한 경로
를 통해 죄에 노출되듯이 기도와 말씀을 통하여 하나님께 나아가
는 것입니다. 우리 안에 있는 어둠 한 자락도 다 밝히 드러나는

하나님 앞에 내어 맡기는 것입니다. 그럴 때 이 어둠의 세상을 밝히는 주님의 빛으로 인해 죄에서 멀어질 수 있습니다.

하나님의 말씀을 중심에 두고 살아갈 때 어떤 어려움과 유혹이 있을지라도 그것을 넉넉히 이기는 승리의 삶을 살게 될 것입니다. 죄에게 속지 말고 타협하지 말아야 합니다. 하나님이 전부가 되지 않을 때 우리 안에 죄는 스며듭니다. 우리는 어떤 틈도 허락하지 않고 하나님만을 바라보며 동행하는 온전한 그리스도인이 되어야겠습니다.

어둠은 결코 빛을 이길 수 없습니다. 죄는 결코 말씀을 이길 수 없습니다.

순종하는 생활

야고보서 1장 19–21절

19. 내 사랑하는 형제들아 너희가 알지니 사람마다 듣기는 속히 하고 말하기는 더디 하며 성내기도 더디 하라
20. 사람이 성내는 것이 하나님의 의를 이루지 못함이라
21. 그러므로 모든 더러운 것과 넘치는 악을 내버리고 너희 영혼을 능히 구원할 바 마음에 심어진 말씀을 온유함으로 받으라

　　현대 사회의 커뮤니케이션 기법 중 하나인 경청은 상대방의 이야기를 귀 기울여 듣는 단순한 의미를 넘어서 전달하고자 하는 내용을 듣고 이해된 바를 상대방에게 피드백(feedback)해주는 것을 말합니다. 말소리로 대화를 하지만 그와 함께 전해지는 내면의 동기와 정서까지도 살펴야 상대방이 말하는 진정한 의미를 이해할 수 있습니다. 그리고 그것을 전달하는 것이 진정한 의미의 경청인 것입니다.

누군가 내가 하는 말을 경청하면 기분이 좋은 것뿐만 아니라 존중받고 사랑받는 마음까지 느끼게 됩니다. 그러면 상대방에 대한 신뢰가 생기고 공감대를 형성하기도 합니다. 반대로 상대가 내 말을 경청하지 않으면 기분이 상하는 것뿐만 아니라 무시당하는 느낌마저 듭니다. 따라서 경청은 상대의 말에 관심을 갖고 존중하는 태도가 있어야 가능합니다. 경청이 되어야 서로 의사소통이 원활하게 이어지는 것입니다. 결국 우리가 대화하며 의사소통한다는 것은 단순하게 말이 오가는 것뿐만 아니라 상대방에 대한 태도까지도 함께 전달되는 것입니다.

우리는 어려서부터 부모님의 잔소리를 들으며 자랐습니다. 언제나 비슷한 소리에 무감각해져서 그러려니 하고 지나는 경우가 있습니다. 건성으로 듣거나 흘려들으며 경청하지도 않습니다. 경청하지 않는 것은 그 말을 진지하게 듣고 따르는 일에 소극적이고 수동적으로 반응한다는 것입니다. 우리는 부모님을 사랑하고 존경한다고 말하면서도 그 앞에서 존중하는 태도를 보이기보다는 내가 편한 태도를 취할 때가 있습니다. 너무 가깝고 편하게 생각되어 그렇기도 하지만 실상은 존재에 대한 깊은 생각을 해본일이 없기 때문에 부모님에 대한 진정한 존경을 표현하지 못하는 것입니다.

신앙의 자리로 옮겨도 똑같은 것을 발견할 수 있습니다. 하나님 말씀을 들을 때면 집중하여 경청합니다. 거룩한 말씀으로 여기고 필요한 것을 기록하기도 하면서 잘 듣고자 애씁니다. 그러나 정말로 경청하는 사람은 얼마나 될까요. 열심히 듣고 있지만 실상은 듣는 척 하는 사람이 대부분입니다. 말씀을 들은 후 행동을 보면 어떤 태도를 가지고 말씀을 들었는지 정말 경청했는지 알 수 있습니다. 바르게 선포된 하나님 말씀은 언제나 옳습니다. 때로는 내 마음의 악한 모습을 꿰뚫어 보는 것 같은 말씀도 있습니다. 이런 말씀이 선포되었을 때 경청한 사람이라면 내 생각과 마음이 멀리 떨어져 있는 것을 발견하고 하나님 말씀이 있는 곳으로 방향을 전환합니다. 하나님 말씀을 존중하고 그것을 따라 살아가는 순종이 수반됩니다. 그러나 말씀을 경청하지 않고 사모하지 않는다면 불순종의 태도를 보입니다. 신포된 말씀에 내 생각이 동의되지 않는다고 스스로 필터링을 합니다. 내용을 자르고 앞뒤를 바꾸거나 이어 붙입니다. 그래서 나에게 맞고 내가 듣고 싶은 말씀만 입맛에 맞춰 듣는 것입니다. 정작 중요한 뼈대는 다 사라지고 껍질만 덩그러니 남게 됩니다. 그것을 들으며 스스로 경청하고 있다고 착각하는 것입니다.

존중과 경청 그리고 순종은 마치 하나의 집합체와 같이 서로 얽혀 있는 모양입니다.

경청하기 위해서는 겸손한 마음이 있어야 합니다. 내가 상대방 보다 더 많이 알고 있거나 혹시 말하고자 하는 것에 대한 답을 알고 있더라도 끝까지 들어주는 것이 경청입니다. 따라서 성격이 급하거나 교만한 사람은 경청하지 못합니다. 또한 나 중심의 사고를 가지고 있는 사람도 경청하는 것이 어렵습니다.

사람을 대할 때도 그렇지만 하나님께 나올 때도 반드시 말씀을 경청해야 합니다. 말씀에 순종하여 삶의 변화를 경험하는 것이 그리스도인으로서 바른 삶이 되기 때문입니다.

우리는 어떻게 하나님의 뜻을 경청하며 순종할 수 있을까요?

겸손하게 낮은 자리에 있어야 합니다.

상대와 이야기 할 때 내가 당신 보다 못한다고 이야기하거나 자신의 능력을 낮게 이야기 하는 것을 겸손이라고 생각합니다. "저는 잘 못합니다." "그저 운이 좋았을 뿐입니다."라고 말하지만 속으로는 내가 얼마나 대단한 사람인지 얼마나 능력 있는 사람인지 알기나 하느냐고 말하고 있습니다. 말하는 것과 속마음이 다른 이유는 예의 없고 됨됨이가 바르지 못한 사람으로 인식될 수 있기 때문입니다. 엄밀하게 생각해 본다면 이것은 겸손이 아니고 상대를 기만하는 것입니다.

겸손은 남을 존중하고 자기를 내세우지 않는 태도라고 말합니다. 이것은 단순하게 말로 하는 것이 아니라 그의 마음가짐이 행동으로 나타나는 것입니다. 즉 말하고 행동하는 것과 생각하는 것이 같아야 한다는 것입니다. 경제적으로 사회적으로 성공했다는 평가를 받는 사람들이 겸손하기는 어려울 것 같습니다. 그동안 자신이 노력하고 열심히 쌓아온 과정이 있기 때문입니다. 자신만이 경험한 독특한 경험이나 피와 땀을 흘리며 만들어낸 방법이 있기에 자신감이 가득합니다. 이런 사람에게 겸손이라는 것은 결코 쉽지 않습니다. 비단 자기 분야에서 좋은 결과를 낸 사람에게만 해당하는 것은 아닙니다. 그렇지 못한 사람이라도 자기가 가지고 있는 생각과 방법이 있기에 자신을 낮은 자리에 앉히는 것은 쉽지 않은 일입니다. 어떻게 보면 겸손은 정말 어려운 것 같습니다.

그러나 겸손은 그리스도인에게는 쉬운 일이며 꼭 필요한 일입니다. 우리는 스스로 모든 것을 할 수 있다고 생각하지만 사실은 그렇지 않습니다. 우리는 내 생각과 내 결정에 의해서 태어나지 않았습니다. 내 것으로 생각하는 나의 심장을 잠시라도 멈추었다가 다시 뛰게 할 수 없습니다. 그리고 내 열심과 노력으로 구원받을 수 없습니다. 사람에게 가장 중요한 것은 내 마음대로 할 수 없고 수동적으로 사용 될 뿐 입니다.

나 보다 크고 능력 있는 이가 계시다는 사실이 우리를 겸손하게 만듭니다. 구원받은 성도인 우리는 모두가 하나님께서 나의 주인 되시는 것을 알고 있습니다. 따라서 우리는 어떤 순간에도 하나님을 인정하는 삶을 살기에 결코 교만할 수 없는 것입니다. 내가 한 것이 아니라 하나님께서 하신 것을, 하나님의 은혜라는 것을 인정하기에 항상 겸손할 수 있는 것입니다. 진정한 그리스도인이라면 이러한 인식과 고백이 늘 넘치기 때문에 겸손은 어려운 것이 아니라 당연한 것이라고 말하는 것입니다.

또한 예수 그리스도께서 이 땅에 오시고 행하신 일을 본다면 겸손은 하지 않을 수 없습니다.

너희 안에 이 마음을 품으라 곧 그리스도 예수의 마음이니 그는 근본 하나님의 본체시나 하나님과 동등됨을 취할 것으로 여기지 아니하시고 오히려 자기를 비워 종의 형체를 가지사 사람

들과 같이 되셨고 사람의 모양으로 나타나사 자기를 낮추시고
죽기까지 복종하셨으니 곧 십자가에 죽으심이라
_ 빌립보서 2장 5~8절

하나님의 아들인 자신을 낮추어 죽기까지 순종하셨습니다. 섬
김을 받기 위해 온 것이 아니라 섬기기 위해 오셨다고 하셨습니
다. 하나님이신 예수님께서 섬김을 받기에도 모자라는데 우리의
죄를 속량하기 위해 이 땅에 오셔서 순종하셨다는 것입니다. 성
부의 뜻을 따라 십자가에서 생명을 다해 순종하셨습니다. 가장
낮은 자리에 계신 것을 마다하지 않으시고 순종하신 것입니다.

그가 아들이시면서도 받으신 고난으로 순종함을 배워서 온전
하게 되셨은즉 자기에게 순종하는 모든 자에게 영원한 구원의
근원이 되시고 _ 히브리서 5장 8~9절

십자가 고난의 순종을 겪으신 예수님은 그분에게 순종하는 자
에게 영원한 구원의 근원이 되신다고 말씀하셨습니다. 결국 겸손
과 순종을 통해 구원으로 이어지고 있습니다.

───────

내 사랑하는 형제들아 너희가 알지니 사람마다 듣기는 속히
하고 말하기는 더디 하며 성내기도 더디 하라
_ 야고보서 1장 19절

유대인의 격언이기도한 이 구절은 그들이 듣고 온전하게 지키기 위해 힘쓰는 말씀입니다. 들을 때는 경청하고 겸손한 마음으로 상대를 존중해야 합니다.

이것은 하나님의 말씀을 대할 때도 동일하게 적용됩니다. 말씀을 듣고 무엇을 말씀하시는지 겸손한 마음으로 기다리는 것입니다. 성급하게 판단하고 행동하지 않는 것이 하나님을 존중하는 것이고 말씀에 순종하는 것입니다. 이것은 나의 선택이 아닌 그리스도인의 마땅한 도리인 것입니다. 하나님 보다 내가 앞서기 때문에 급하게 판단하고 쉽게 성내는 것입니다. 철저하게 하나님 중심이 되어야 하는 것을 말하고 있습니다.

내 마음이 말씀으로 뜨거울 때 하나님을 중심에 두고 생각할 수 있습니다. 어느 정도 생각할 수 있는 여유가 있고 일을 조정할 수 있는 범위에 있다고 생각하면 하나님께 맡길 수 있습니다. 그러나 내가 조정할 수 있는 범위를 벗어난 상황에서 하나님을 중심으로 생각하고 행동하는 것은 어렵습니다. 조금 부유하면 하나님께 맡길 수 있습니다. 그러나 그 수를 헤아릴 수 없을 만큼 부자가 된다면 하나님 보다는 다른 곳에 마음을 빼앗길 수 있습니다. 조금 어렵고 힘들다면 하나님께 기도하고 의지하지만 나의 한계를 넘어서는 고난이 다가온다면 하나님을 떠날 수 있습니다. 그럴 때 나의 능력으로 조정할 수 없는 그 순간에도 우리는 겸손하게 하나님을 인정해야 합니다. 그것이 하나님이 중심이 되는 생활인 것입니다.

사람이 성내는 것이 하나님의 의를 이루지 못함이라
_ 야고보서 1장 20절

성내는 것은 하나님께서 원하시지 않습니다. 그렇다면 우리는 불의를 보거나 악을 대할 때도 성내지 말아야 하는 것일까요? 그렇지 않습니다. 민수기에는 이스라엘 사람이 미디안 여인을 데리고 장막에 들어가는 것을 보고 분노해서 창을 들어 그들을 찔렀던 비느하스의 사건이 기록되어 있습니다. 그 사건을 두고 여호와께서는 내 질투심으로 질투하였다고 말씀하고 있습니다. 또한 염병으로 많은 사람이 죽었는데 비느하스의 행동으로 인해 염병이 그쳤다고 말씀하고 있습니다.

성경이 말씀하는 것은 성내는 그 것에 있지 않습니다. 어떤 이유로 성내는가 하는 것입니다. 하나님과 상관없이 내가 중심이 되는 것을 말하고 있습니다. 내 생각으로 인해 기다리지 못하고 내 생각과 다른 결과로 인해 성내는 것을 말하는 것입니다. 비느하스와 같이 하나님의 시선으로 바라보고 분노하는 것이 아니라는 것입니다. 이는 하나님의 선하시고 신실하시고 의로우신 뜻을 알지 못하고 또한 그것을 그릇 되게 보이는 것입니다.

모든 지킬 만한 것 중에 더욱 네 마음을 지키라 생명의 근원이 이에서 남이니라 _ 잠언 4장 23절

화를 내면 우리 생각의 중심이 일순간에 하나님에게서 나에게

로 옮겨오게 됩니다. 모든 일을 내 중심으로 해석하게 되고 욕망이 꿈틀거리며 죄가 들어오게 합니다. 감정적으로 대하기 때문에 죄가 들어온 것을 인식하지 못하여 결국 하나님을 향한 마음을 놓치게 됩니다. 성내고 화내는 일이 하나님과 멀어지게 하는 것입니다.

그러므로 우리의 마음을 지키고 성내는 일이 없도록 해야합니다. 나의 힘으로 할 수 없기에 겸손하고 낮은 마음으로 하나님을 의지해야 합니다. 그것이 우리를 죄에서 멀어지게 하고 하나님께 순종하도록 하는 바른 길인 것입니다.

─────────

그러므로 모든 더러운 것과 넘치는 악을 내버리고 너희 영혼을 능히 구원할 바 마음에 심어진 말씀을 온유함으로 받으라
_ 야고보서 1장 21절

하나님의 성품을 닮아야 합니다.

성령의 열매는 사랑과 희락과 화평과 오래 참음과 자비와 양선과 충성과 온유와 절제라고 갈라디아서에서 말씀하고 있습니다. 성령이 함께하는 사람에게 나타나는 하나님의 성품인 것입니다.

하나님 말씀을 듣고 순종하는 삶을 살기 위해서는 더러운 것과 넘치는 악을 버려야 합니다. 세상을 따르는 삶과 자기중심적인 마음을 버리고 하나님을 대적하는 교만하고 악한 마음과 하나님의 법에서 벗어난 행실을 멀리 하라는 것입니다. 그렇게 하는 것이 말씀에 대한 순종이기 때문입니다. 죄를 지었을 때 이를 감

추기 위해 선한 척하며 또 다른 죄를 짓는 것이 아닌 죄를 드러내어 회개하고 하나님을 향해야 한다는 것입니다.

우리는 연약한 존재이기에 언제나 죄에 노출되어 있습니다. 삶이 있는 곳에 생활 쓰레기가 생기 듯 죄를 짓고 그것이 쌓여가게 됩니다. 그 누구라도 예외 없이 살아 있는 동안에는 죄와 가까이 살 수 밖에 없습니다. 죄와 가까이 살기 때문에 죄를 당연하게 받아들인다면 우리는 올바르게 산다고 말할 수 없습니다. 쓰레기가 생긴다고 해서 그것을 그대로 방치하고 더불어 살지 않는 것처럼 말입니다. 쓰레기는 방치하면 적은 양이라도 썩고 악취가 납니다. 그리고 벌레가 생겨서 온 집안에 영향을 줍니다. 우리에게 죄가 끼치는 것도 이것과 같습니다. 적은 것이지만 마음을 둔하게 하고 악한 생각과 행동을 하게 합니다. 그리고 모든 삶에 영향을 주어 하나님과 관계없는 곳으로 가도록 합니다. 그래서 우리에게 있는 죄를 쓰레기통 비우듯이 항상 비워야 합니다. 그것이 그리스도인으로 하나님의 자녀로 살아가는 올바른 태도입니다.

유대인들은 일 년에 한 번씩 집안을 청소합니다. 집안의 모든 누룩을 치우고 누룩 없는 딱딱한 빵을 만들어 먹습니다. 일 년에 한 번씩 하나님 앞에서 자신의 모습을 점검하고 깨끗하게 하는 것입니다. 우리도 그런 시간을 가져야 합니다. 잘못된 습관을 찾고 회개하고 돌이키며 마음 속에 침투해 있는 누룩을 걷어내야 합니다. 남의 시선을 의식하고 타성에 젖어 살아가는 삶의 영점을 다시 하나님께 맞추어야 합니다. 그리고 난 후 마음에 심어진 말씀을 온유함으로 받으라고 합니다.

> 온유한 자는 복이 있나니 그들이 땅을 기업으로 받을 것임이요
> _ 마태복음 5장 5절

'온유함'이란 말은 히브리어로 '아나브'라고 합니다. 아나브는
'대답하다'라는 의미의 말로 대답하는 사람 혹은 대답하는 종을
의미합니다. 당시에는 주인만이 질문할 수 있고 종은 오직 대답
하는 것만 가능했기 때문입니다. 그런 의미에서 온유하다는 것은
하나님 앞에서 종으로서 자신을 낮추고 겸손하게 하나님의 말씀
을 경청하라는 것입니다. 하나님이 주신 말씀은 마음에 심겨지는
것이고 주시는 말씀을 겸손하게 경청해야 하는 것을 말하고 있습
니다.

초대교회에도 겉모습만 성도인 사람들이 있었습니다. 말씀을
듣기보다는 말하기를 좋아하고 온유하게 기다리기 보다는 성내는
것을 택했습니다. 이런 모습은 지금 우리에게도 동일한 모습입니
다. 우리에게 가장 필요한 것은 하나님 말씀을 진리로 이해하고
그 앞에서 겸손해야 하는 것입니다. 겸손한 자는 하나님의 말씀
을 경청하고 그 뜻을 따라 인내하고 기다릴 것입니다. 내 생각과
기준이 아닌 하나님의 뜻을 따르는 순종하는 사람으로 이 땅을
살아 갈 것입니다.

머리가 아닌 마음으로 믿는 것

야고보서 1장 22-25절

22. 너희는 말씀을 행하는 자가 되고 듣기만 하여 자신을 속이는 자가 되지 말라
23. 누구든지 말씀을 듣고 행하지 아니하면 그는 거울로 자기의 생긴 얼굴을 보는 사람과 같아서
24. 제 자신을 보고 가서 그 모습이 어떠했는지를 곧 잊어버리거니와
25. 자유롭게 하는 온전한 율법을 들여다보고 있는 자는 듣고 잊어버리는 자가 아니요 실천하는 자니 이 사람은 그 행하는 일에 복을 받으리라

언젠가 '메멘토 모리'라는 말이 인기를 끌었던 적이 있습니다. 책과 영화와 연극의 제목으로도 사용된 이 말은 라틴어로 기억하다는 뜻을 가진 '메멘토'와 죽음이라는 뜻을 가진 '모리'가 결합된 말입니다. 그래서 '죽음의 상징' 혹은 '죽음을 기억하라'는 뜻으로 사용됩니다. 우리가 이 땅에서 분주하게 살지만 언젠가는 떠날 곳이라는 것을 기억하라는 것입니다. 내가 보는 것이 전부가 아니라는 것을 기억하라는 것입니다. 각자 시간은 다르지만 결국

끝이 있는 세상이라는 것을 기억하라는 것입니다.

이것은 성도인 우리에게도 동일하게 말하고 있습니다. 이 땅에서의 삶이 전부가 아니라 죽음이 있다는 것을 말입니다. 모든 사람이 죽음에 이르지만 성도에게는 다른 것이 있습니다. 죽음 이후에 영원한 생명이 주어지는 천국 소망이 있습니다. 이 땅에서 호흡이 다하는 것은 죽음이 아닌 새로운 시작이며 영원한 생명의 시작임을 믿는 것입니다.

다른 이로써는 구원을 받을 수 없나니 천하 사람 중에 구원을 받을 만한 다른 이름을 우리에게 주신 일이 없음이라 히였더라
_ 사도행전 4장 12절

오직 예수를 통해서만 새로운 시작인 영원한 생명으로 들어가는 것입니다. 믿음으로 사는 것은 생각이 아니라 삶으로, 행동으로 보여지는 것입니다. 머리의 관념이 아니라 실제적인 것입니다. 어떻게 하면 머리가 아닌 마음으로 믿을 수 있고 행하는 믿음으로 살 수 있을지 생각해 보아야겠습니다.

말씀을 들어야 합니다.

예수님 외에 구원받을 수 있는 이름은 없다고 성경에서 말씀하고 있습니다. 예수를 그리스도로 믿고 성장하는데 중요한 것은 말씀을 듣는 것입니다. 말씀을 들어야 심겨진 믿음의 씨앗이 점차 자라나는 것입니다.

그러므로 믿음은 들음에서 나며 들음은 그리스도의 말씀으로
말미암았느니라 _ 로마서 10장 17절

우리가 살면서 무엇을 보는가 하는 것은 중요합니다. 그러나
무엇을 듣고 있는가 하는 것은 더 중요합니다. 보는 것은 눈을 감
거나 피하는 행동으로 어느 정도 통제가 가능합니다. 그러나 소
리는 보는 것 보다 통제하기 어렵습니다. 소리는 듣는 것도 있지
만 들려오는 것도 있기 때문입니다. 내 의사와는 상관없이 들려
오는 소리로 인해 나의 머리에 어떤 정보를 남긴다는 것입니다.
남겨진 정보가 반복되면 그것이 지식처럼 혹은 익숙한 정보처럼
인식하고 반응하게 됩니다. 실제로 라디오에서 흘러나오는 광고
노래를 나도 모르는 사이에 흥얼거리며 따라 부를 때가 있습니
다. 제품을 선택하려는 순간 반복적으로 들었던 광고 방송으로
인해 제품을 익숙하고 친근하게 느껴 그것을 선택하는 경우도 있
습니다.

반복적으로 들리는 소리는 그 정보에 익숙하고 친근하게 만듭
니다. 아주 조금씩 우리의 생각에 접근하여 자리 잡게 합니다. 지
나가는 소리라고 생각하지만 우리는 반복적인 노출을 통하여 학
습되고 있는 것입니다. 처음 들으면 말도 안 되는 소리라고 생각
합니다. 그러나 반복적으로 듣다 보면 나도 모르게 그럴 수도 있
겠다는 생각이 듭니다. 거기에서 더 진행되면 내가 선택할 수 있
는 한 부분이라고 여기게 됩니다. 말도 안 되는 사실이 내가 가진
정보로 자리 잡게 되는 것입니다.

아이가 욕하고 거친 행동을 하는 친구들과 어울리면 자연스럽게 말과 행동이 닮아 갑니다. 부부가 오랜 세월 살면서 서로의 말투와 생각이 닮아 가는 것도 마찬가지입니다. 가정에서 부모의 역할이 중요하다고 말하는 것도 같은 맥락입니다. 부모에게 비난을 받으며 자란 자녀들은 자존감이 낮습니다. 부모의 이야기를 지속적으로 들으면서 아이는 그것이 자신의 참 모습이라고 생각하기 때문입니다. 자존감을 잃은 아이는 이제 부모가 비난했던 말이 자신의 삶을 움직이게 되며 그렇게 성장하게 되는 것입니다. 결국 부모의 비난처럼 아이는 바뀌게 되는 것입니다. 그래서 믿음의 말과 함께 칭찬과 격려의 말이 필요한 것입니다.

들려오는 소리를 막을 수 없다면 우리는 최소한 악한 소리가 들려오지 않도록 삶의 자리를 구분할 수 있어야 합니다. 믿음의 자녀로 부름 받은 성도라면 말씀과 찬양의 소리가 있는 곳을 선택해야 합니다.

우리는 예배를 통해 말씀을 듣습니다. 그러나 문제는 우리가 듣는 말씀이 우리 삶에 올바르게 안착되지 못한다는 것입니다. 말씀을 듣지만 내가 살아가는 일상보다 훨씬 적은 양이기 때문에 영향력을 미치지 못합니다. 주일에 한 번 나와 예배드리고 듣는 말씀으로 일주일을 살아가고 있습니다. 말씀을 듣는 시간만 고려한다면 1시간도 되지 않습니다. 그 시간을 온전히 집중해서 듣는다 해도 말입니다. 우리가 듣는 말씀은 생활하면서 들리는 많은 정보에 묻히고 섞여서 도무지 드러나지 못하는 상태가 되어 버립니다.

학생을 생각해보면 쉽게 알 수 있습니다. 월요일부터 금요일까지 집과 학교를 오갑니다. 주말에는 학원에서 공부합니다. 방과 후에도 시간을 정하여 매일 몇 시간씩 공부합니다. 이렇게 공부해도 공부한 지식이 나의 것이 되지 않아 성적이 올라가지 않을 때도 있습니다. 많은 시간을 투자해도 그것이 완전하게 생각나고 드러나지 않을 때도 있다는 것을 말하고 있습니다.

그런데 하나님 말씀은 어떻게 대하고 있는지 생각해봅니다. 주일날 교회학교에서 예배시간에 말씀을 듣고 공과 시간을 통해 이야기 하는 것이 전부입니다. 교회에 와서 집에 갈 때까지 교회학교에 머물러 있는 시간을 2시간 정도로 생각해봅니다. 거기에서 간식 먹는 시간, 놀이하는 시간을 빼고 순수하게 말씀을 듣는 시간을 산출한다면 1시간 이내가 될 것입니다. 그것도 아이들이 온전하게 집중하여 말씀을 듣는다고 가정했을 경우에 말입니다.

우리에게는 일주일이라는 168시간이 주어졌습니다. 적정한 수면시간은 7시간이라고 합니다. 이것을 기준으로 하여 수면시간을 뺀다면 119시간 동안 눈을 뜨고 활동하는 것입니다. 일주일 168시간 중에 눈을 뜨고 활동하는 119시간의 0.8%에 해당하는 1시간 동안 말씀을 듣습니다. 아이들의 믿음이 성장할 수 있을지 의문이 듭니다. 어쩌면 말씀을 모르고 궁금해 하지 않는 것이 당연한 것인지도 모르겠습니다. 물론 아무리 적은 시간이라 할지라도 하나님께서 이해하게 하시고 믿게 하시려면 못하실 것 없겠지만 최소한 우리가 말씀에 가까이 다가 설 수 있도록 힘써야 하는 것에 소홀했다는 것은 분명한 것입니다. 이것은 단지 아이들만의 문제는 아닙니다. '선데이 크리스천'이라고 불리는 주일날이 되면 습관처럼 교회를 찾는 우리의 문제이기도 합니다. 주일날 아침부터 저녁까지 열심히 봉사하고 일하지만 정작 말씀을 듣는 시간에 소홀히 한다면 그 또한 동일한 문제를 마주하고 있는 것입니다. 말씀을 듣고 그것을 이야기할 수 있는 곳에 있어야 합니다. 외적인 것이든 내면의 것이든 하나님과 가까이 해야 합니다. 그것이 반복적으로 될 때 믿음의 성장이 있는 것입니다. 들어야 성경이 궁금해지고 그 뜻을 찾게 됩니다. 말씀을 들을 수 있는 시간을 의도적으로 많이 확보해야 합니다. 학생들이 시간표를 짜듯이 말씀을 읽고 들을 수 있도록 시간을 드리며 날마다 함께 해야합니다.

너희는 말씀을 행하는 자가 되고 듣기만 하여 자신을 속이는
자가 되지 말라 _ 야고보서 1장 22절

초대교회에도 말씀을 듣기만 하고 말씀과 관계없이 살았던 사람들이 있었던 것 같습니다. 말씀은 말씀이고 내 삶은 내 삶이라고 생각하며 이분법적으로 살았던 사람들입니다.

말씀은 우리의 삶을 이끌고 가십니다. 말씀을 믿는다는 것은 예수가 그리스도라는 사실을 인정하고 고백하는 것입니다. 구원자 예수님을 고백하고 따라가는 것이기에 우리의 생각과 행동에 변화가 오는 것입니다.

그렇다면 말씀을 듣고 믿는다고 고백함에도 불구하고 왜 삶엔 적용되지 않는 걸까요? 왜 행동의 변화가 일어나지 않는 것일까요?

그것은 분명합니다. 마음이 아닌 머리로 믿고 있기 때문입니다. 우리가 보통 신앙생활을 하면서 경험하는 일들은 이렇습니다. 예배를 통하여 말씀을 듣습니다. 말씀이 이해가 되고 마음이 뜨거워지며 말씀대로 하고 싶은 마음이 생깁니다. 그래서 행동하려고 하지만 그동안 하지 않았던 일이기 때문에 잠시 머뭇거립니다. 무언가 달라져야 하는 것으로 인해 몸도 마음도 쉽게 움직여지지 않습니다. 머리에 있지만 시도해보려는 고민만하다가 점차 잊혀 집니다. 다음에 또 다른 말씀을 듣습니다. 이번에는 반드시 행동하겠다는 결심하에 움직이려고 하지만 역시 고민하고 좌절하고 점차 잊어버립니다. 행동하는 타이밍에 용기를 내야 하지만 번번이 실패하면서 시도 그 자체가 부담스럽게 여겨집니다. 이런 일이 반복되면 나중에는 결심 조차 하지 않습니다. 좋은 말씀이고 감동을 주는 말씀으로 듣고 끝나게 됩니다.

우리에게 필요한 것은 말씀을 행할 수 있는 용기입니다. 첫 발을 디딜 수 있는 계기가 필요합니다. 그렇다면 이런 용기를 낼 수 있는 힘은 어디에서 올까요. 그것은 바로 기도에서 입니다. 나의 능력으로는 할 수 없습니다. 나의 능력으로는 결코 지속적으로 이어질 수 없습니다. 완전하지 못한 나의 모습을 뒤로 하고 하나님의 완전하고 무한하신 능력을 부어달라고 기도해야 합니다. 결단하고 의지를 가지지만 그것을 굳건하게 하고 실행할 수 있도록 용기를 달라고 기도해야 합니다. 나의 생각을 버리고 하나님의 생각으로 가득 채워야 합니다. 그 때 성령님께서 우리에게 부어주는 뜨거운 마음을 주시고 움직일 수 있는 용기를 주십니다.

나는 할 수 없지만 하나님이 하시는 것입니다. 머리로만 믿다가 이제는 마음으로 믿어지는 것입니다. 우리의 손과 발이 움직이기 시작하고 행동하게 됩니다. 이러한 놀라운 변화는 말씀을 듣는 것에서 시작되는 것임을 기억해야 합니다. 말씀을 듣고 그것이 마음으로 믿어질 때 예수님의 참된 제자요, 하나님의 온전한 아들과 딸이 되는 것입니다.

누구든지 말씀을 듣고 행하지 아니하면 그는 거울로 자기의 생긴 얼굴을 보는 사람과 같아서 제 자신을 보고 가서 그 모습이 어떠했는지를 곧 잊어버리거니와
_야고보서 1장 23~24절

말씀을 듣고 행하지 않는 것에 대하여 야고보는 이렇게 말하고 있습니다. 아침에 거울로 내 모습을 봤다가 살아가면서 내가 누군지를 잊어버리는 사람과 같다고 말입니다.

말씀을 듣는 자리에 모여 있을 때는 모두가 같은 모습입니다. 성도로서 함께 예배하며 말씀을 듣고 공동체의 일원으로 활동을 합니다. 누가 봐도 성도의 모습입니다.

우리는 예배당에서 나간 후의 모습을 생각해 보아야 합니다. 누군가 경험한 일인지 아니면 우스갯소리인지는 모르겠지만 회사에 심방갈 때는 절대로 깜짝 방문하지 말라는 이야기를 들었습니다.

믿음이 좋고 누구보다도 열심히 교회에 헌신하시는 한 장로님이 있었답니다. 목사님은 그 분의 믿음과 헌신을 너무 귀하게 여

겼습니다. 어느 날 교회 밖에서 즐거운 교제를 하며 감사의 말을 전하고 싶다는 생각이 들어서 점심시간을 이용하여 회사로 깜짝 심방을 계획했습니다. 연락 없이 회사로 찾아가 점심시간이 되기를 기다렸다고 합니다. 목사님의 존재를 모르는 직원들은 자기들끼리 누군가에 대하여 이야기하고 있었고 의도치 않게 내용을 듣게 되었습니다. 그리고 그 주인공이 바로 장로님이라는 사실을 알게 되었습니다. 이야기의 내용이 그동안 장로님이 교회에서 보여준 모습과는 전혀 달라서 적잖게 놀라고 있었는데 "교회도 다닌다고 하던데" 라는 말이 들렸을 때는 얼굴이 화끈거려서 더 이상 듣고 있을 수 없어서 그냥 일어나서 나왔다고 합니다. 농담처럼 웃고 넘어 갈 수도 있겠지만 그럴 수 없는 것이 현실이 아닌가 싶습니다. 특정한 사람의 문제가 아니라 우리의 모습도 예외가 아니라는 것을 생각할 수밖에 없습니다.

하나님의 자녀로서의 정체성을 잃고 있다면 우리는 가정에서, 직장에서 혹은 다른 어떤 자리에서도 성도의 모습을 잃은 껍질만 가지고 살고 있는 것이 되는 것입니다. 머리는 성도지만 몸은 그렇지 않은 모습 흡사 상상속의 어떤 동물과 같은 비정상적인 삶을 살고 있는 것입니다.

자유롭게 하는 온전한 율법을 들여다보고 있는 자는 듣고 잇
어버리는 자가 아니요 실천하는 자니 이 사람은 그 행하는 일
에 복을 받으리라 _ 야고보서 1장 25절

자유롭게 온전한 율법을 들여다보고 있는 자는 누구일까요? 하나님의 자녀로서의 정체성을 가지고 사랑 안에서 살아가는 사람입니다. 부모와 자식, 스승과 제자, 절친한 친구와 같이 하나님을 깊은 관계로 만나고 있는 사람입니다. 그런 사람은 말씀을 듣고 잊어버릴 수가 없습니다. 부모가 자녀의 얼굴을 잊어버리면 되겠습니까? 또한 자녀가 부모의 얼굴을 잊어버리면 되겠습니까? 어쩌면 치매의 비참함이 여기에 있다고 할 수 있습니다. 사랑하는 사람을 알아보지 못한다는 것입니다. 함께 했던 좋은 기억과 관계의 끈도 다 사라져버리는 것입니다. 전혀 관계없는 사람처럼 되는 것입니다. 우리의 믿음에도 이런 증상이 나타나지 않도록 주의해야 합니다.

하나님께서 우리에게 요구하시는 행동은 감당할 수 없을 만큼 큰 것이 아닙니다. 말씀이 가리키는 방향으로 한 발자국 떼는 것입니다. 예수님께서 오천명을 먹이신 기적처럼 나도 오천명을 먹일 수 있는 무언가를 구해오라는 것이 아닙니다. 다만 예수님을 믿고 내가 가지고 있는 오병이어를 그 손에 올려드리라는 것입니다.

회개도 마찬가지입니다. 사회적으로 문제가 있는 중대한 범죄를 저지른 사람에게 울며 회개하라는 것이 아닙니다. 드러나지 않지만 하나님 말씀에 어긋나게 행했던 모든 일을 회개하라는 것입니다. 강도나 살인 같은 죄 보다는 미워하고 음욕을 품는 것이 적다고 생각할 수 있습니다. 직접적인 피해를 주지 않았기 때문에 회개하지 않아도 될 것이라고 여길 수 있습니다. 그러나 예수님께서는 음욕을 품고 여자를 보는 자는 이미 간음하였다고 말씀하고 있습니다. 죄의 크기가 크고 작은 것은 우리의 기준일 뿐입니다. 하나님께는 모두가 죄일 뿐입니다. 따라서 우리는 일상에서 일어나는 일에 늘 회개해야 하는 것입니다. 내가 할 수 있는 것을 하나씩 하며 우리의 삶의 초점을 하나님께 맞추어 나가는 것이 우리에게 원하시는 것입니다. 머리에 있는 믿음과 말씀이 행동으로 나타나야 하는 것입니다.

머리로 믿는 사람의 특징이 있습니다. 그것은 내가 우선이고 하나님이 나중인 사람입니다. 예배의 자리에서도 하나님이 아니라 내가 중심입니다. 삶의 자리도 여전히 하나님 보다는 자신의 경험이 우선되는 것입니다.

야고보가 말하는 것의 핵심은 행하라는 것입니다. 믿음보다 행위를 강조하는 것이 아니고 믿음으로 구원받는 것을 부정하는 것도 아닙니다. 믿음이 머리에만 머물러 있는 것을 경계하라는 것입니다. 믿음으로 우리의 손과 발이 움직이고 변화된 삶을 살라고 하는 것입니다.

믿는 것은 지식적이고 이상적인 관념이 아닙니다. 믿음은 실제적이고 현실적인 것입니다. 나의 삶과 밀접하게 연관된 것이며 자연스럽게 드러나야 하는 것입니다. 우리의 믿음이 머릿속에 머무르지 않고 행동을 통하여 형상화 되어 나타나는 온전한 성도가 되어야겠습니다.

경건이란 무엇입니까?

야고보서 1장 26~27절

26. 누구든지 스스로 경건하다 생각하며 자기 혀를 재갈 물리지 아니하고 자기 마음을 속이면 이 사람의 경건은 헛것이라
27. 하나님 아버지 앞에서 정결하고 더러움이 없는 경건은 곧 고아와 과부를 그 환난중에 돌보고 또 자기를 지켜 세속에 물들지 아니하는 그것이니라

나는 예수 그리스도를 믿습니다. 이 짧은 한 마디가 우리 신앙의 핵심입니다. 만일 예배와 기도, 헌금생활 등 보이는 활동에 충실하지만 하나님이 없는 삶을 산다면 그것은 단지 기독교라는 종교 활동을 하는 것에 불과할 것입니다. 종교적인 행위보다 우리가 하나님의 자녀라는 정체성을 가지고 살아가는 것이 중요한 것입니다.

우리는 누구나 가치관을 가지고 있습니다. 가치관을 통하여 세상을 바라보며 의사결정을 하고 행동하고 있습니다. 그것이 좋은 것이든 나쁜 것이든 자신이 중요하다고 생각하는 것에 우선순

위를 배정하는 것입니다.

나는 무엇을 중요한 가치로 생각하며 살고 있을까요? 나의 가치관을 알아보는 것은 어떤 일에 많은 시간을 할애하고 있는지 살펴보면 됩니다. 어떤 곳에 많은 비용을 지출했는지 살펴보면 됩니다. 한주 동안 가족과 함께 하며 많은 시간을 보냈다면 나는 가족을 중요시 하는 가치관을 가지고 있다고 볼 수 있습니다. 만일 취미를 위해 물건 사는데 많은 비용을 지출하고 있다면 나의 가치관은 그 취미생활을 누리는 것에 있는 것입니다. 무엇을 하든 내가 중요하다고 생각하는 곳에 많은 시간과 비용 등 에너지를 쏟는 것입니다.

우리는 하나님을 믿고 그와 동행하는 삶을 산다고 말합니다. 그렇다면 우리는 하나님을 중심으로 한 가치관을 가지고 살아야 합니다. 예배드리고 말씀을 읽기위해 노력해야하고 기도하는데 시간을 할애해야 합니다. 어떤 일을 결정할 때에도 말씀을 기억하며 선택해야 합니다. 그것이 가치관이며 세상을 바라보는 성도의 시선인 것입니다.

내가 관심 있는 것이 눈에 보이는 것은 당연한 사실입니다. 먹는 것을 좋아하는 사람에게는 항상 음식이 보입니다. 인터넷을 검색해도 음식과 관련된 것이 우선입니다. 패션에 관심이 있다면 그의 행동은 패션과 관련된 곳으로 향하게 되어 있습니다. 내 안에 가득 담겨 있는 것이 무엇인지 생각해 보는 것은 매우 중요합니다.

말씀은 우리의 삶을 비추는 거울과 같습니다. 말씀을 통하여 나의 모습을 돌아보고 방향을 바꾸는 것입니다. 마음의 깊은 고백과 함께 회개와 결단의 시간이 되는 것입니다. 우리는 종종 하나님은 토기장이시고 나는 진흙이라는 고백을 합니다. 나를 지으신 하나님을 인정하고 고백하는 것입니다. 그러나 고백은 거기에서 머물러 있어서는 안 됩니다. 어떤 곳에서 무엇을 하든지 나를 지으신 하나님이 원하시는 일을 하겠다는 결심과 행동으로 이어져야 하는 것입니다. 무엇을 만든 이가 있다면 그 목적과 의미가 분명할 것이기 때문입니다.

언젠가 이렇게 기도했습니다. '하나님, 생명을 전하는 교회가 되게 해주세요. 가정을 세우고 다음세대를 바르게 키울 수 있는 교회가 되게 해주세요.' 많은 사람들이 교회로 몰려와서 말씀을 들었으면 좋겠다고 생각도 했습니다. 그런데 문득 머릿속에 떠오르는 생각이 있었습니다. '정말 하나님이 원하시는 일이 맞을까?' 이상하게 들릴지는 모르겠지만 지금 내가 하는 기도가 하나님의 뜻에 얼마나 합당한가 하는 질문을 던지게 되었습니다. 복음을 전하고 말씀을 가르치는 일은 마땅히 해야 하는 일입니다. 그것을 하나님께서도 원하시는 일입니다. 그러나 내가 원하는 때와 장소 그리고 방법 등 내 생각에 초점이 맞춰있다면 그것은 온전하게 하나님의 뜻을 따르는 삶이라고 말할 수 없는 것입니다. 제 아무리 선하게 보일지라도 말입니다.

토기장이로 나를 만드신 분이 어떤 모습으로 만드시든지 나는 할 말이 없습니다. 또한 그 쓰임새에 맞게 놓아두고 쓰시는 것이기 때문에 이의를 제기할 수 없습니다. 그냥 지으신 이가 쓰시는 대로 쓰이는 것뿐입니다. 우리 삶의 중심을 하나님께 맞추고 있다는 것은 그 사실을 이해하고 인정하는 것입니다. 어떤 상황에서도 하나님을 의지할 수 있는 믿음은 하나님을 하나님으로 인정하는 것으로부터 나오는 것입니다. 감사할 수 없는 상황 가운데 감사하고 아무것도 보이지 않지만 절망하지 않는 것입니다. 내 눈에는 보이지 않지만 나를 지으신 분께서 이끌어가고 계시며 붙잡고 계시기 때문입니다. 이러한 사실을 놓치지 않도록 끊임없이 말씀으로 채워져야 합니다. 타협하지 않는 경건한 삶으로 맞서야 하는 것입니다.

───────────

누구든지 스스로 경건하다 생각하며 자기 혀를 재갈 물리지
아니하고 자기 마음을 속이면 이 사람의 경건은 헛것이라
_ 야고보서 1장 26절

누군가 당신에게 경건한 사람인 것 같다는 말을 한다면 기분이 좋을 것입니다. 경건하다는 말에는 엄숙하고 차분한 느낌을 주며 도덕적이고 종교적으로 바른 생활을 하고 있다는 의미를 포함하고 있다고 느끼기 때문입니다. 그래서 경건한 성도가 되기 위해 근엄한 표정으로 조용하게 말하고 행동해야 할 것처럼 생각합니다. 그러나 성도에게 있어서 경건은 이러한 외적인 모습이 아니라 말씀을 가까이하고 그것으로부터 나오는 하나님의 성품인 것입니다. 하나님의 말씀을 통하여 사랑으로, 기쁨으로, 평안으로 채워야만 가능합니다. 그럴 때 우리 삶의 관점이 달라지고 가치관도 달라지는 것입니다.

가치관의 변화는 내가 살아가는 시간과 물질의 쓰임새를 결정합니다. 또한 말과 행동의 변화를 가져옵니다. 결국 그리스도로 가득한 삶이 되며 그 걸음마다 그리스도의 향기를 뿌리며 살 수 있는 것입니다.

그런데 사람들은 일반적으로 정도(正道)를 좋아하지 않습니다. 효과적이라는 이유로 조금 더 빠르고 편한 것을 찾습니다. 눈에 보이는 변화와 결과를 찾습니다. 깊이 깨닫고 천천히 변해가는 것을 기다리기 보다는 즉각적인 반응을 원하는 것입니다. 그래서 경건한 모습으로 변화되기 위해 힘쓰기 보다는 말로 하고 경건한 모양을 하며 살아갑니다. 말씀을 읽고 묵상하며 나의 믿음 점검하는 것 보다는 예배의 자리에 왔다가는 것으로 만족합니다. 교회와 공동체를 위해 땀 흘리며 봉사하고 함께 하기를 힘쓰기 보다는 스스로 관리자가 되어 남들 앞에 드러나고 말하는 것을 좋아합니다. 이것은 하나님을 믿는 것이 아니라 기독교라는 종교 생활을 하는 것입니다. 마치 좋아하는 동호회의 일원으로 활동하는 것과 같습니다. 성경에서는 자기의 마음을 속이면 이 사람의 경건은 헛된 것이라고 분명하게 말씀하고 있습니다. 경건한 모양이 아니라 온전한 경건의 능력이 있어야 합니다.

경건의 모양은 있으나 경건의 능력은 부인하니 이같은 자들에게서 네가 돌아서라 _ 디모데후서 3장 5절

말씀이 온전히 선포되고 그 말씀을 잘 듣는 교회는 평안합니

다. 교회를 구성하는 성도가 말씀을 통하여 올바르게 성장하기 때문입니다. 겉으로 보기에는 크게 다를 것 없겠지만 외부의 충격이 있을 때 그 진가를 발휘합니다. 누군가 어려운 일을 당하면 성도들의 마음은 어려움 당한 이를 향해 달려갑니다. 위로하고 격려하며 조용히 기도합니다. 그리고 실제적인 도움을 찾고자 힘씁니다. 넘어지지 않도록 옆에서 붙잡아 주고 함께 이겨나갈 수 있도록 용기를 북돋아 줍니다. 모두가 하나님 말씀을 통해 한 가족이 되었기 때문에 그럴 수 있습니다. 네 이웃을 네 자신과 같이 사랑하라고 하신 말씀을 온전하게 믿는 것입니다. 이것이 바로 경건입니다. 경건하다고 말하는 것이 아니라 말씀에 따라 살려고 힘쓰는 것이 경건입니다. 하나님의 말씀을 우리 영혼의 그릇에 차고 넘치게 담아 예수님을 닮아가는 경건의 향기가 풍겨질 수 있어야겠습니다.

하나님 아버지 앞에서 정결하고 더러움이 없는 경건은 곧 고아와 과부를 그 환난중에 돌보고 또 자기를 지켜 세속에 물들지 아니하는 그것이니라 _ 야고보서 1장 27절

나의 행위와 노력을 기울이지 않았음에도 불구하고 열매가 돌아온다면 정말 좋을 것입니다. 그 열매의 가치가 크면 클수록 우리는 더 큰 기쁨과 감격을 느끼게 됩니다. 나의 수고 없이 거저 얻는 것을 우리는 은혜라고 합니다. 우리의 죄가 사해지고 죽을 수밖에 없는 우리가 영원한 생명을 얻게 되었습니다. 고아와 같이 버려진 우리가 하나님의 자녀가 되었습니다. 어떤 대가를 지불하지 않았지만 우리에게 주어진 은혜입니다. 예수님께서 십자가에서 죽으심으로 대가를 대신해서 지불해주셨고 그 열매를 내가 받은 것입니다. 죽음의 자리에서 생명이 있는 자리로 옮겨진 것입니다. 그 은혜와 감격을 아는 사람은 스스로를 소중히 여길 뿐 아니라 다른 사람도 소중히 여깁니다. 사회에서 어렵고 힘든 가운데 살아가는 사람들을 소중히 여기며 필요를 채워주며 돕는 것입니다. 은혜를 생각하며 받은 사랑을 나누며 돕는 경건한 모습을 행하는 것입니다.

은혜를 깨달은 사람은 나 중심으로 다른 사람을 보지 않습니다. 하나님의 관점에서 생각하고 하나님의 시선으로 세상을 바라봅니다. 이전에는 내가 주인공이었고 내가 필요한 것이 보였다면 이제는 도움이 필요한 사람, 사랑이 필요한 사람이 보이는 것입니다. 사람을 불쌍하게 여기시고 긍휼을 베푸셨던 하나님의 마음을 갖게 되는 것입니다.

우리나라에서 복지에 관련된 활동 중 70%에 해당하는 일을 교회에서 하고 있습니다. 교회가 넉넉하고 사람이 많아서 하는 것이 아닙니다. 나에게 쓸 것을 아껴서 나누는 것입니다. 나눌 물질과 재능이 없을 때도 건강과 시간까지도 나누는 것입니다. 쉽지 않지만 은혜를 입었기에 그것을 나눌 수 있는 것입니다.

마태복음 5장에서는 소금과 빛에 대하여 말씀합니다. 소금이 자신의 역할을 하지 못할 때 밖에 버려져 밟힐 뿐이라고 말씀합니다. 소금 모양을 하고 있다고 해서 소금이 아니라는 것입니다.

소금으로서 만들어진 역할을 충실하게 해야 하는 것입니다.

요즘은 사회에서 교회가 걱정된다고 말하고 있습니다. 교회가 그 본질을 잃어 버렸고 다른 곳에 힘을 쏟고 있기 때문입니다. 성도가 성도의 삶이 아닌 자신이 원하는 세상적인 삶을 살고 있기 때문입니다. 소금이 짠맛을 잃은 것처럼 성도가 성도의 모습을 잃어버린 것입니다. 교회라는 건물이 있고 사람도 있지만 예수님은 계시지 않은 것입니다.

성도가 자신의 정체성을 회복하고 교회가 사명을 발견해야 합니다. 교회는 교회답게 진리를 전해야 합니다. 복음을 들고 나가서 외쳐야 합니다. 어쩌면 힘들고 무식한 방법이라고 생각할 수도 있겠지만 다른 방법은 없습니다. 아무리 세대가 바뀌고 문화가 달라져도 변하지 않는 가치인 성경말씀은 바뀔 수 없는 것입니다. 빠른 시간에 단축할 수 있는 지름길은 없습니다. 그냥 묵묵하게 역할을 감당하는 것입니다. 말씀에 의지하여 나를 다듬어 가는 것입니다. 그것이 제대로 된 삶이며 경건한 삶인 것입니다.

우리는 누구나 똑같이 마지막이라는 시간을 앞에 두고 달려가고 있습니다. 다만 각자에게 주어진 레인이 다른 것입니다. 남이 달리고 있는 곳을 눈에 두지 말고 내게 주어진 길을 달려야 합니다. 마지막에 이를 때까지 최선을 다해서 달려야 합니다. 멈추라고 하는 순간까지 우리는 긴장을 풀고 포기할 수 없습니다. 말로만 아닌 행동으로 경건한 모습을 증명해야 합니다. 소금으로서 혹은 빛으로서 온전하게 쓰이면서 말입니다.

PART 2

입증책임

2

BURDEN OF PROOF

차별하여 대하지 말라

야고보서 2장 1-7절

1. 내 형제들아 영광의 주 곧 우리 주 예수 그리스도에 대한 믿음을 너희가 가졌으니 사람을 차별하여 대하지 말라
2. 만일 너희 회당에 금가락지를 끼고 아름다운 옷을 입은 사람이 들어오고 또 남루한 옷을 입은 가난한 사람이 들어올 때에
3. 너희가 아름다운 옷을 입은 자를 눈여겨 보고 말하되 여기 좋은 자리에 앉으소서 하고 또 가난한 자에게 말하되 너는 거기 서 있든지 내 발등상 아래에 앉으라 하면
4. 너희끼리 서로 차별하며 악한 생각으로 판단하는 자가 되는 것이 아니냐
5. 내 사랑하는 형제들아 들을지어다 하나님이 세상에서 가난한 자를 택하사 믿음에 부요하게 하시고 또 자기를 사랑하는 자들에게 약속하신 나라를 상속으로 받게 하지 아니하셨느냐
6. 너희는 도리어 가난한 자를 업신여겼도다 부자는 너희를 억압하며 법정으로 끌고 가지 아니하느냐
7. 그들은 너희에게 대하여 일컫는 바 그 아름다운 이름을 비방하지 아니하느냐

주일 아침 예배당 앞은 지나가는 사람들로 몹시 분주합니다. 큰 교회일수록 많은 사람들이 움직이기 때문에 가끔은 혼란스럽

게 느껴질 때도 있습니다. 어느 날 아침 여느 때와 다름없이 많은 사람들이 움직이고 있었습니다. 다만 예배당 앞에는 그동안 보지 못했던 노숙인 한명이 힘없이 앉아 있을 뿐이었습니다. 노숙인은 지나가는 사람들에게 음식을 구하기 위해 약간의 돈을 달라고 손을 내밀며 말합니다. 가던 걸음을 잠시 멈추고 머뭇거리는 사람도 있지만 대다수는 빠른 걸음으로 지나가며 그를 힐끔 쳐다 볼 뿐입니다. 그리고 예배당 안으로 조용하게 사라집니다. 만 명 가까이 지나갔지만 단 세 명만 그에게로 다가갔습니다.

사람들이 들어간 후 노숙인도 예배를 위해 예배당 안으로 들어갔습니다. 그리고는 맨 앞자리에 가서 앉았지만 싸가운 시선과 예배위원들의 저지로 인해 맨 뒷자리에 앉아야만 했습니다.

"오늘 새로운 목사님이 부임하셨습니다."

예배 전에 사회자의 광고 소리에 모두가 숨죽여 앞을 바라보았지만 아무도 나오지 않았습니다. 정적이 흐르는 가운데 그것을 깨고 누군가가 일어나 앞으로 걸어 나갑니다. 마치 영화에서 클로즈업 하듯 점점 드러나는 그의 모습은 다름 아닌 노숙인 이었습니다. 예배당 앞에서 구걸하고 맨 앞자리에 안았다가 뒤로 끌려 나갔던 그 노숙인 말입니다. 단 세 사람만이 관심을 가졌던 그 사람입니다. 사람들은 웅성웅성 거렸고 강단에 있는 노숙인 복장을 한 목사님을 바라볼 수 없어서 고개를 숙였습니다. 급기야는 눈물을 흘리며 회개하고 기도하는 사람도 있었습니다. 누군가가 꾸며낸 이야기였으면 좋겠지만 '예레미야 스티펙' 목사님이 경험했던 실제 이야기입니다.

임금이 대답하여 이르시되 내가 진실로 너희에게 이르노니 너
희가 여기 내 형제 중에 지극히 작은 자 하나에게 한 것이 곧
내게 한 것이니라 하시고 _ 마태복음 25장 40절

교회를 다니는 것과 그리스도인으로 사는 것에 대하여 진지하
게 생각해봐야할 것입니다. 그리고 스스로의 믿음을 돌아보아야
할 것입니다.

우리는 하나님께서 값없이 주신 은혜로 인하여 죽음에서 생명
으로 옮겨진 사실을 믿고 고백합니다. 하나님의 뜻을 따라 말씀
과 동행하며 성도의 삶을 산다고 말합니다. 하나님과 동행 한다
면 반드시 체크해야 보아야할 것이 있습니다. 나는 하나님께 속
도를 맞추며 걷고 있는가 하는 것 말입니다. 내가 기준이 되어 나
를 따르기를 바라는 것이 아니라 내가 따라가는 것이 진정한 동
행인 것입니다. 이것을 간과한다면 내 옆에 하나님이 아닌 이미
다른 무언가와 함께 걷고 있어도 그것을 깨닫지 못하게 됩니다.
값없이 주신 은혜를 말하지만 정작 그 속에는 나의 공로의식이
가득하여 내가 중심에 서있는 것처럼 말입니다.

요즘 언론을 통하여 '갑질'이라는 말을 많이 듣습니다. 실제로
빅데이터를 통하여 조사한 자료에도 '갑질'이라는 단어가 많이 등
장하고 있습니다. 갑질로 인해 많은 문제가 야기되고 있습니다.
누구라도 쉽게 마주할 수 있는 말이 되어 버렸습니다.

갑질이 생기는 가장 근본적인 이유는 힘의 차이입니다. 권력
과 재물, 지위 등 다양한 힘의 불균형으로 인해 생기는 것입니다.

힘을 가지고 있는 우월한 위치에서 힘이 없는 약한 사람에게 자신의 기준을 강요하며 압박하는 것입니다. 타인을 생각하지 않고 도덕과 규칙을 생각하지 않습니다. 단지 자신만 생각할 뿐입니다. 사람을 인격체로 대하는 것이 아니라 자신의 생각대로 움직이는데 필요한 도구로 생각하는 것입니다.

교회에도 이런 갑질이 있습니다. 우리에게 주신 직분은 수직적인 상하관계가 아니라 수평적인 협력관계입니다. 목사와 전도사, 장로, 권사, 집사 등 교회의 직분은 서열이 아닙니다. 교회 공동체를 지켜나가고 함께 일하기 위한 질서입니다. 각자에게 주신 역할이고 그것을 통하여 교회공동체가 바르게 세워지는 것입니다. 따라서 고압적인 자세로 명령하는 것이 아니라 권유하고 권면하며 함께하는 것입니다. 권면을 받은 사람도 교회공동체의 질서를 위하여 존중하는 마음으로 협력하는 것입니다. 그것이 예수를 그리스도로 고백하는 성도들의 올바른 모습입니다. 그럼에도 불구하고 직분을 상하관계로 여기며 자신의 생각대로 하는 성숙하지 못한 모습을 마주합니다. 하나님 중심이라고 하면서 어느새 초점은 다른 곳에 맞춰있는 것입니다. 다시 한 번 돌아보며 우리가 어떤 존재인지 생각해 보아야할 것입니다.

교회 안에서는 갑질이 있어서는 안 됩니다. 아니 올바른 교회라면 갑질이 있을 수 없습니다. 우리는 매주 예배시간에 사도신경으로 신앙을 고백합니다. 사도신경은 성경에서 말하는 신앙의 핵심을 요약하여 정리하고 있습니다. 우리는 사도신경을 읽을 때마다 그 내용을 나의 신앙으로 고백하며 올바른 믿음을 갖도록 자신을 돌아보고 결단하는 것입니다.

예수님은 이 땅에 인간의 모습으로 오셨습니다. 낮은 신분으로 오셔서 사람들에게 고난 받으시고 죽기까지 하셨습니다. 우리는 예수님의 오심을 쉽게 이야기할지도 모르겠습니다. 그러나 예수님의 오심과 죽으심은 어떤 낮아지심의 극치를 보여주시는 것이며 우리를 향한 애끓는 사랑이 아니면 있을 수 없는 것입니다. 피조물인 인간을 향한 가장 큰 섬김을 보여주신 것입니다. 우리는 이러한 예수님을 믿고 그 모습을 닮아간다고 고백하고 있다는 사실을 생각해야할 것입니다. 최소한 교회안에서는 서로를 섬기고 필요를 채워주는 모습을 흔하게 볼 수 있어야 합니다. 예수님의 섬김으로 세워진 곳이 바로 교회이고 우리의 모습이기 때문입니다. 그럼에도 불구하고 교회 안에서의 갑질이 존재한다면 심각하게 고민해 보아야할 것입니다.

차별 없는 세상을 외치는 사람들이 많습니다. 차별은 세상에도 없어야 하지만 교회 내에서는 더더욱 그러합니다. 그럼에도 불구하고 우리는 차별을 경험하게 됩니다. 어떤 이유에서 그런 것일까요?

내 형제들아 영광의 주 곧 우리 주 예수 그리스도에 대한 믿음을 너희가 가졌으니 사람을 차별하여 대하지 말라
_ 야고보서 2장 1절

우리는 왜 교회에 모이는 걸까요? 외국에 있는 한인교회는 대체로 사람 때문에 모인다고 합니다. 이민을 오든지 사업 때문에 오든지 사람을 만나고 정보를 얻어야 합니다. 그런데 이민 사회의 많은 사람들을 만날 수 있는 곳은 교회이기 때문입니다. 교회는 정보를 공유하고 인맥을 쌓아가는 중요한 장소가 되는 것입니다. 사회적으로 지위가 높고 부유한 사람은 많은 사람들이 그 옆자리에 가기 위해 애쓰고 있습니다. 자신이 목적하는 바를 이루는데 도움이 되는 사람이기 때문입니다. 예배를 드리고 봉사를 하고 모임에 참여하더라도 모든 중심은 영향력 있는 사람을 중심으로 돌아가게 됩니다. 어떤 목적을 가지고 만들어진 이익집단과 다를것이 없습니다.

그러나 교회는 사람이 아닌 하나님 때문에 모이는 곳입니다. 하나님을 찬양하고 그에게 영광을 돌리는 곳입니다. 우리의 나약하고 죄악 된 모습을 고백하며 말씀을 통해 은혜를 깨닫는 곳입니다. 부유하거나 가난하거나 높은 지위에 있거나 낮은 지위에 있거나 아무 상관없습니다. 남녀노소 누가 모이든 관계가 없습니다. 예수를 그리스도로 믿는 사람들이 모이는 것입니다.

사람 때문에 모이는 곳이 아니라 하나님을 향한 모임이 교회입니다. 내가 중심이 아니라 하나님이 중심이기 때문에 서로 차별할 이유도 없을뿐더러 서로를 다르게 보는 시선조차 필요치 않은 곳입니다. 사람이 모이지만 하나님 말씀이 중심되어야 합니다. 그렇게 되지 않을 때 실족하게 됩니다. 교회를 열심히 다녔지만 현재는 쉬고 있는 사람들의 이야기를 들어보면 많은 부분이 주변 사람들 때문입니다. 교회공동체에 대한 정의가 분명하지 않기 때문에 일어나는 일일 것입니다.

―――――――――

만일 너희 회당에 금가락지를 끼고 아름다운 옷을 입은 사람
이 들어오고 또 남루한 옷을 입은 가난한 사람이 들어올 때에
너희가 아름다운 옷을 입은 자를 눈여겨보고 말하되 여기 좋
은 자리에 앉으소서 하고 또 가난한 자에게 말하되 너는 거기
서 있든지 내 발등상 아래에 앉으라 하면 너희끼리 서로 차별
하며 악한 생각으로 판단하는 자가 되는 것이 아니냐
_ 야고보서 2장 2~4절

초대교회에도 크게 다르지 않았습니다. 여성과 노예들이 모여
예배드리고 있는 곳에 금가락지를 끼고 아름다운 옷을 입은 사람
이 들어옵니다. 자신들이 우러러보여 섬기고 눈도 마주치지 못하
는 사람이 예배를 위해 찾아온 것입니다. 그리고 또 한 명이 들어
옵니다. 그사람은 남루한 옷을 입은 가난한 사람입니다. 자신들
과 같은 처지에 있는 사람입니다. 어떻게 했을까요?

늘 섬기던 사람에게는 자신도 모르게 좋은 자리를 내주며 교
회 밖에서 섬기듯 교회에서도 주인처럼 받듭니다. 그러나 가난
한 사람에게는 크게 관심을 두지 않습니다. 이런 모습을 야고보
가 지적하며 차별하며 판단하는 사람이라고 합니다. 매일 하나님
을 아버지라 부르며 서로에게 형제와 자매라고 부르던 사람들은
어디에 갔느냐는 것입니다. 지금 너희가 하는 일은 서로 차별하
는 악한 생각이고 결국 판단자의 자리에까지 서게 되는 일을 하

고 있다는 것입니다. 사람은 습관으로 인해 잘못 판단할 수 있습니다. 지금까지 섬기던 그 사람이 교회라고 하더라도 내 앞에 서 있다면 나도 모르게 그렇게 차별하여 대할 수 있을 수 있습니다. 그러나 중요한 것은 하나님께서는 그러한 차별이라도 용납하지 않으신다는 것입니다. 하나님 보다 습관적인 행동을 우선하고 있는 그 모습을 용납하지 않으시는 것입니다.

가난한 우리 집에는 전기가 들어오지 않아 촛불을 켭니다. 그러나 앞집 부잣집에서는 최근에 개발한 LED전구를 씁니다. 전기값도 덜 나오고 더 밝은 빛을 누립니다. 세상에서 우리는 이런 상황 속에서 살아갈 수밖에 없습니다. 그러나 하나님의 교회와 성도에게는 이러한 차별이 없는 것입니다. 교회에 하나님의 영광이 사라지고 하나님 중심에서 사람 중심으로 바뀌게 되면 빛을 잃은 등불과 같이 됩니다. 경건이 사라지고 차별이 생기게 됩니다. 모두가 죄인이라는 사실을 망각하게 되는 것입니다.

교회는 부족한 나를 바라보며 부족함을 채워주시는 하나님의 능력을 바라보는 곳입니다. 부족하지 않고 넉넉한 모습으로 살지라도 죄인의 자리에서 구원 받은 것을 기억해야 합니다. 그리고 갈급한 심령을 채워주실 하나님을 바라보아야 합니다. 그럴 때 우리 생각과 마음에서는 차별이라는 그림자도 자리 잡지 못하게 될 것입니다. 모두가 예수님의 발자취와 같이 살고자 할 것입니다. 나의 상황도 누군가의 시선도 생각하지 않고 좋으신 우리 아버지 하나님만을 바라보아야겠습니다.

하나님은 공평하신 분입니다.

종교개혁을 했던 마르틴 루터는 만인제사장을 외쳤습니다. 중세에는 사제가 하나님과 사람 사이의 중보자라고 했습니다. 하나님의 말씀이 사제와 교회의 전유물이 되었고 성도들은 따를 수밖에 없었습니다. 사제의 타락은 곧 교회의 타락으로 이어져 면죄부와 같은 타락의 산물이 나타나게 되었던 것입니다. 이에 루터는 성경으로 돌아가야 한다고 말하며 사제가 아닌 오직 예수를 믿음으로 구원 받는다고 했습니다. 가난한 사람이나 부유한 사람이나 어떤 위치에 있든지 예수를 그리스도로 고백할 때 하나님과 사람 사이에 중보자 없이 거룩한 성도가 되며 하나님의 자녀가 된다는 것입니다. 우리의 유일하고 영원한 중보자이신 예수 그리스도를 통해 하나님께 직접 예배하고 기도할 수 있다는 것입니다.

성도는 모두 죄로부터의 자유와 하나님 안에서 차별 없이 평등한 삶을 살아야 합니다. 우리는 신앙에 대한 박해가 없는 자유로운 세상을 살아갑니다. 그러나 성경에서 말하는 자유와 평등을 누리지 못하고 있는 것이 현실입니다. 외부적인 요인이 아니라 내부적인 요인으로 차별을 경험하고 있다는 것입니다. 결국 성경에서 말하는 바를 바르게 행하지 않거나 알지 못하기 때문입니다. 세상의 방법과 기준을 그대로 교회 안에서 사용하고 적용하는 것입니다.

세상은 편법이라도 자신에게 이익이 되고 유리하다고 판단이 되면 거리낌 없이 시행합니다. 죄를 죄로 여기지 않습니다. 그래서 유전무죄 무전유죄와 같은 말이 우리 세상을 대변하고 있다고 생각합니다. 그러나 공평하신 하나님은 악인과 의인을 나누시며 분명하게 심판하시겠다고 하십니다. 우리는 심판을 보지 못하기에 마치 불공평한 세상을 하나님께서는 그냥 두고 계시다고 오해할 뿐입니다. 하나님의 말씀은 결코 변하지 않음을 다시 한 번 생각해야 할 것입니다.

내 사랑하는 형제들아 들을지어다 하나님이 세상에서 가난한 자를 택하사 믿음에 부요하게 하시고 또 자기를 사랑하는 자들에게 약속하신 나라를 상속으로 받게 하지 아니하셨느냐

_ 야고보서 2장 5절

야고보가 가난한 자를 택했다고 말하는 것은 부유한 자를 버렸다는 것이 아닙니다. 가난한자와 부유한자 둘 중 한쪽을 선택했다는 의미가 아니라는 것입니다. 만일 그렇게 이해한다면 하나님은 공평한 분이 아닐 것입니다. 가난한 사람이 어려운 상황에서도 하나님을 찾고 나아가 믿음을 지킬 때 약속하신 것을 얻게 하시겠다는 것입니다. 가난한 사람 혹은 부유한 사람은 하나님께서 어떤 자격을 보시겠다는 것이 아닙니다. 부유한 사람도 자신이 가지고 있는 힘으로 무언가를 하려는 것을 내려놓고 하나님을 의지하면 동일하게 대하시겠다는 것입니다. 하나님을 향해 갈급한 심령으로 나아가는 자는 받아주시겠다는 것입니다.

자신에게 잘 하는 사람에게 우호적이고 그렇지 않은 사람에게
는 냉소적으로 대하는 것이 사람관계에 있어서 일반적인 태도입
니다. 그런데 교회에서 자신에게 피해를 주는 것도 아닌 가난한
자들을 냉소적으로 대하고 자신을 억압하고 힘들게 하는 부유한
자에게 호의를 베푼다고 말합니다. 일반적인 논리로 보아도 이치
에 맞지 않는 일을 하고 있습니다. 더구나 차별이 없어야 하는 교
회에서 이런 일이 행하여지고 있습니다.

하나님을 믿는다고 하지만 그 중심은 벗어나 있는 것입니다.
공평하신 하나님을 바라보고 우리의 마음을 내어놓아야 합니다.
말씀보다 습관이 앞서고, 말씀보다 내 생각과 경험이 앞서는 어
리석은 삶이 되지 말아야 합니다.

이웃을 사랑하라 말씀하심은

야고보서 2장 8~13절

8. 너희가 만일 성경에 기록된 대로 네 이웃 사랑하기를 네 몸과 같이 하라 하신 최고의 법을 지키면 잘하는 것이거니와

9. 만일 너희가 사람을 차별하여 대하면 죄를 짓는 것이니 율법이 너희를 범법자로 정죄하리라

10. 누구든지 온 율법을 지키다가 그 하나를 범하면 모두 범한 자가 되나니

11. 간음하지 말라 하신 이가 또한 살인하지 말라 하셨은즉 네가 비록 간음하지 아니하여도 살인하면 율법을 범한 자가 되느니라

12. 너희는 자유의 율법대로 심판 받을 자처럼 말도 하고 행하기도 하라

13. 긍휼을 행하지 아니하는 자에게는 긍휼 없는 심판이 있으리라 긍휼은 심판을 이기고 자랑하느니라

성경 전체를 살펴보면 613가지의 율법이 있습니다. 이렇게 많은 계명 중에서 가장 큰 계명은 무엇일까요? 복음서에서 서기관 한 사람이 모든 계명의 첫째가 무엇입니까 하고 예수님께 질문합니다. 이에 예수님께서는 '주 너의 하나님을 사랑하는 것'과 둘째는 '네 이웃을 네 자신과 같이 사랑하는 것'이 가장 큰 계명이라고 말씀하셨습니다.

네 마음을 다하고 목숨을 다하고 뜻을 다하고 힘을 다하여 주
너의 하나님을 사랑하라 하신 것이요 둘째는 이것이니 네 이웃
을 네 자신과 같이 사랑하라 하신 것이라 이보다 더 큰 계명이
없느니라 _ 마가복음 12장 30~31절

이웃을 사랑하는데 자신과 같이 사랑하라고 하셨습니다. 자신
을 사랑해야만 이웃을 사랑할 수 있기 때문입니다.

나를 사랑하고 있습니까? 혹은 나는 사랑받을 존재라고 여기
십니까?

자신의 모습을 돌아보면 늘 부족하고 연약하다는 것을 느낍니
다. 최선을 다하기도 하지만 생각하는 만큼의 결과를 만들지 못
하여 좌절하기도 합니다. 때로는 절망 앞에서 포기하고 싶은 마
음이 들기도 합니다. 이런 모습을 보며 실망하고 자책하기도 하
지만 자신의 모습을 스스로 인정하지 않으면 영원히 나를 사랑할
수 없게 되는 것입니다.

중독에 빠진 사람을 치료하는데 가장 먼저 하는 일은 현실을
인정하도록 하는 것입니다. 스스로 내가 지금 중독에 빠져있고
내 힘으로는 중독을 이길 수 없다는 것을 알도록 하는 것이 치료
의 시작이라고 합니다. 자신의 상태를 알게 되면 어떤 행동을 하
고 어떤 부분에 도움이 필요한지 결정할 수 있기 때문입니다. 사
랑하는 것도 다르지 않습니다. 내 모습을 그대로 인정하고 받아
들이는 것이 나를 사랑하는 첫 걸음인 것입니다. 나의 모습 그대
로를 받아들이고 인정할 때 자책감을 버리고 스스로를 사랑할 수
있는 것입니다. 타인과의 관계에서도 마찬가지입니다.

많은 사람들과 관계를 맺고 살아가는 사회에서 우리는 종종 사람 사이에 문제가 생길 때가 있습니다. 나는 당신을 위해 노력하는데 당신은 왜 그렇지 못하는가 하는 생각을 합니다. 때로는 어떻게 저런 행동을 할 수 있을까하며 실망하기도 합니다. 이때도 여전히 우리에게 필요한 것은 그 모습 그대로 인정하는 것입니다. 내 모습 그대로를 인정하듯 상대방의 모습을 인정하는 것입니다. 나의 기준으로 상대방을 끌어와서 맞추려는 것이 아니라 상대의 모습도 연약하고 완전하지 못하다는 것을 인식하고 인정하는 것입니다. 그때 비로소 사랑할 수 있는 기초가 만들어지는 것입니다.

객관적으로 우리의 모습을 살펴본다면 결코 사랑받을 만한 존재가 아닐 것입니다. 내 모습을 인정하는 것은 스스로 사랑할 수 있는 환경을 만드는 것이지 자격이 된 것은 아닙니다. 그럼에도 불구하고 우리는 사랑 받을 존재인 것은 하나님께서도 우리의 연약함을 인정하시기 때문입니다. 모든 연약한 모습을 아시지만 사랑한다고 말씀하십니다. 그래서 우리는 사랑 받을 존재가 된 것입니다.

너희가 만일 성경에 기록된 대로 네 이웃 사랑하기를 네 몸과 같이 하라 하신 최고의 법을 지키면 잘하는 것이거니와 만일 너희가 사람을 차별하여 대하면 죄를 짓는 것이니 율법이 너희를 범법자로 정죄하리라 _ 야고보서 2장 8~9절

우리를 사랑하시는 하나님께서는 받은 사랑을 담아놓은 것이 아니라 다른 사람을 사랑하라고 하십니다. 이웃을 사랑하라고 말씀하신 것은 우리에게 주신 계명 중에서 가장 중요한 계명입니다. 그것이 우리에게 원하시는 것입니다.

그렇다면 우리는 어떻게 이웃을 사랑해야 할까요?

있는 모습 그대로를 사랑해야 합니다. 오랜 시간 각자의 영역에서 자신의 기준에 따라 살아왔기에 서로 다른 것을 인정해야 합니다. 그러나 모든 것을 인정할 수는 없는 것입니다. 밥을 먹을 때 편식하는 것은 그 사람의 체질과 식성 혹은 습관에 따른 것이기에 인정하고 존중할 수 있습니다. 그러나 다른 사람을 향한 폭언과 폭력적인 습관을 가지고 있다면 그것은 인정하고 존중할 수 없는 것입니다. 자녀가 꿈을 꾸고 그것을 향해 최선을 다하는 것은 사랑스러운 일입니다. 그의 꿈이 나의 생각과 다르다고 해서 막을 수는 없습니다. 인정하고 응원하며 격려해주는 것이 바른 부모의 역할일 것입니다. 그러나 자녀가 꾸는 꿈이 불건전하거나 일탈에 해당하는 경우 그것을 지켜보고만 있지는 않을 것입니다. 끊임없이 이야기하고 바른 꿈을 가질 수 있도록 알려주고 도와주는 것이 부모의 모습입니다.

우리가 상대방을 인정하고 존중하는 것은 모두가 부족한 모습이 있다는 사실을 인정하는 것입니다. 그가 가지고 있는 잘못된 모습까지도 인정하는 것은 아닙니다. 정말로 상대를 사랑한다면 우리는 잘못된 부분을 바르게 고칠 수 있도록 도와주어야 하는 것입니다. 비난하고 정죄하여 거리를 두는 것이 아니라 마음으로 품고 도와서 바른 길로 접어 들 수 있도록 하는 것입니다.

　하지만 바른 것을 말하고 행동을 바꿀 수 있도록 돕는 것은 쉽지 않습니다. 사람과의 관계가 깨질 수 있습니다. 또한 나에게도 많은 에너지가 소모되어 힘든 상황에 처할 수 있습니다. 포기하고 관계를 정리하며 잡은 손을 놓아버리면 훨씬 편안할 것입니다. 그러나 우리는 그런 행동이 그리스도인의 모습이 아니라는 것을 너무 잘 알기 때문에 포기하지 않습니다. 나의 힘으로는 할 수 없기에 하나님께 맡기고 기도하며 그분을 의지하도록 합니다. 우리를 지으신 하나님께 그 삶을 맡길 수 있도록 하는 것입니다. 예배의 자리로 인도하고 기도할 수 있는 자리로 인도하는 것입니다. 하나님께 맡겨 드리는 것이 우리가 할 수 있는 가장 큰 사랑의 모습입니다. 하나님의 형상을 회복할 수 있도록 말입니다.

　영혼이 회복되는 것이 얼마나 행복한 일인지를 경험해봐야 합니다. 내가 옳다고 생각하는 것을 다 내려놓고 하나님께로 돌아왔을 때 비로소 느낄 수 있는 하나님의 신실하신 사랑과 인도하심을 느껴야 합니다. 하나님의 사랑 안에서 누리는 자유와 기쁨이 얼마나 큰 것인지 경험해봐야 합니다. 이것이 하나님의 자녀로서 그리스도의 형상을 회복하는 첫걸음입니다. 그리고 이웃을 사랑하는 가장 좋은 행동인 것입니다.

　내가 나를 평가하는 것이 아니고 다른 사람이 나를 평가하는 것 또한 아닙니다. 우리의 최종 평가자는 오직 하나님뿐이라는 것을 기억하고 하나님의 마음을 바라보며 살아가야겠습니다. 하나님께서 사랑하시는 그 사랑으로 이웃을 바라 보아야겠습니다.

누구든지 온 율법을 지키다가 그 하나를 범하면 모두 범한 자가
되나니 간음하지 말라 하신 이가 또한 살인하지 말라 하셨은즉 네가
비록 간음하지 아니하여도 살인하면 율법을 범한 자가 되느니라 너
희는 자유의 율법대로 심판 받을 자처럼 말도 하고 행하기도 하라 긍
휼을 행하지 아니하는 자에게는 긍휼 없는 심판이 있으리라 긍휼은
심판을 이기고 자랑하느니라 _ 야고보서 2장 10~13절

　613개의 율법 중 거의 모든 것을 잘 지켰으나 몇 가지의 율법
을 지키지 못한다면 결국 율법을 어기는 것입니다. 또한 모든 율
법의 행위를 다 지켰다고 하더라도 그 내면의 생각까지도 완전하
지 못하다면 그 또한 율법을 어긴 것이 됩니다. 마태복음에는 '음
욕을 품고 여자를 보는 자마다 마음에 이미 간음' 하였다고 하시
는 예수님의 말씀이 기록되어 있습니다. 이처럼 율법을 통하여
우리의 의로움을 보일 수는 없습니다. 하나님께서 값없이 주시는
은혜를 통해서만 의롭게 될 수 있는 것입니다. 그래서 하나님의
말씀을 붙잡고 우리를 사랑하신 사랑으로 다른 사람을 사랑하고
섬겨야 하는 것입니다.
　목욕탕에 가면 어떤 사람이 어떤 직업을 가지고 있는지, 얼마
나 부자인지, 얼마나 가난한지 알 수 없습니다. 자신을 포장하고
있는 겉옷을 다 벗고 모두가 똑같은 모습을 하고 있기 때문에 차
별이 존재하지 않습니다. 하나님은 우리가 벌거벗고 있는 모습처
럼 어떤 모양으로 우리를 차별하여 사랑하지 않으십니다. 많은
재산과 학식 그리고 노력으로 인하여 사랑받는 것이 아닙니다.

또한 사랑을 받을 만한 어떤 자격이 있어야 하는 것도 아닙니다. 무조건적인 사랑을 주신 것처럼 우리도 이웃을 향하여 차별 없는 하나님의 사랑을 보여야 하는 것입니다.

흑인과 백인이 나누어 살았던 어떤 도시의 일입니다. 흑인이 백인들의 도시에 가게 되었습니다. 마침 주일이 되어 예배를 위해 교회를 찾았습니다. 물론 백인의 도시이기 때문에 백인들 교회에 갔습니다. 그러나 흑인인 그는 백인들이 예배하는 예배당 안으로 들어갈 수가 없었습니다. 그래서 결국 예배당 밖의 창가에 자리를 잡고 앉았습니다. 거기서라도 예배를 드려야겠다는 마음이었습니다. 어느 정도 시간이 지났을 때 누군가 옆에 있는 것을 느꼈습니다. 고개를 돌려보니 자신의 모습을 측은히 바라보는 한 사람이 있었습니다. 바로 예수님이었습니다. 흑인이 깜짝 놀라서 왜 이곳에 계시는지 예수님께 물었습니다.

"네가 예배하는 곳이 어떤 곳이든 나는 항상 함께 있단다."

예배는 공연이고 행사처럼 외형적으로 보이는 행위가 아닙니다. 진정한 예배는 하나님과 동행하는 것입니다. 하나님의 마음을 가지고 사람을 보고 세상을 살아가는 것입니다. 많은 일을 하고 좋은 건물을 짓는 것이 성도의 책무가 아니라 영혼을 사랑하고 섬기는 일이 성도의 일입니다. 그 일을 하는데 있어서 각 사람에게 주신 재능이 있습니다. 이것을 우리는 하나님께서 주신 '달란트'라고 표현합니다.

각자에게 주신 달란트는 경제적인 활동을 위해 사용되기도 하지만 결코 그것만을 위해 주신 것은 아닙니다. 먹고 사는 문제는 하나님께서 책임져 주시겠다고 말씀하고 계십니다. 우리에게 있는 재능을 통하여 각자 주어진 영역에서 하나님의 말씀을 선포하며 다른 사람을 섬기도록 하는 것입니다. 경제와 사회, 문화, 예술, 체육 등 다양한 영역에서 하나님께서 주신 능력을 펼쳐 보이며 하나님을 드러내도록 하셨습니다. 누군가와 비교하여 더 높고 더 낮은 것이 아니라 동일하게 하나님께서 주신 재능이라는 것입니다. 하나님께서 우리에게 재능을 주신 것은 하나님의 부족함 때문이 아닙니다. 우리를 이용해서 무언가를 채우려는 것도 아닙니다. 그것은 우리와 교제하고 그 관계를 이어가시는 하나님의 사랑인 것입니다. 우리는 그 사랑을 통하여 우리에게 맡겨진 영혼을 주께로 인도해야 하는 것입니다.

교회도 마찬가지입니다. 각 사람에게 다양한 은사를 주십니다. 예언과 방언의 은사와 병고침, 가르치는 은사 등 다양한 은사를 필요에 따라 주십니다. 은사는 어떤 노력에 대한 대가로 주시는 것이 아니라 말 그대로 선물로 주신 것입니다. 은사를 통하여 교회를 바르게 세우는 것이 하나님의 뜻입니다. 바른 교회를 통해 영혼을 구원하기 위해서 말입니다.

우리는 하나님을 아버지로 부르는 형제와 자매입니다. 한 아버지 아래에 모두가 동등한 모습인 것입니다. 서로가 섬기고 섬김을 받는 존재이며 사랑하고 사랑을 받는 존재입니다. 이것을 교회 공동체의 울타리를 넘어 더 많은 사람에게 전하는 것이 우리가 해야 하는 일입니다. 나에게 좋은 것이 있다면 그것을 나누고 싶은 것은 주신 사랑 때문입니다. 누군가 필요한 사람을 생각하고 그에게 필요한 것을 채워주고 싶은 마음이 있다면 성도로서 이미 그 사람을 사랑하고 있는 것입니다. 교회 밖에 있는 사람들에게 복음을 전하는 것도 이 때문입니다. 우리가 알고 있는 예수님의 사랑을 전하고 함께 하고 싶은 마음입니다. 하나님의 사랑을 가지고 있기 때문입니다. 하나님의 사랑을 전하는 것이야 말로 자녀로서 우리에게 주신 가장 큰 계명임을 알아야 합니다. 누가 알아주지 않더라도 우리는 사랑을 받고 있기에 행할 수 있는 것입니다.

내 신앙은 살아 있습니까?

야고보서 2장 14-20절

14. 내 형제들아 만일 사람이 믿음이 있노라 하고 행함이 없으면 무슨 유익이
     있으리요 그 믿음이 능히 자기를 구원하겠느냐
15. 만일 형제나 자매가 헐벗고 일용할 양식이 없는데
16. 너희 중에 누구든지 그에게 이르되 평안히 가라, 덥게 하라, 배부르게 하라
     하며 그 몸에 쓸 것을 주지 아니하면 무슨 유익이 있으리요
17. 이와 같이 행함이 없는 믿음은 그 자체가 죽은 것이라
18. 어떤 사람은 말하기를 너는 믿음이 있고 나는 행함이 있으니 행함이 없는
     네 믿음을 내게 보이라 나는 행함으로 내 믿음을 네게 보이리라 하리라
19. 네가 하나님은 한 분이신 줄을 믿느냐 잘하는도다 귀신들도 믿고 떠느니라
20. 아아 허탄한 사람아 행함이 없는 믿음이 헛것인 줄을 알고자 하느냐

음식에 있어서 가장 중요한 것은 무엇일까요? 어떤 기준으로
음식점을 선택하세요? 요리사의 경력, 실내 분위기, 사람들의 추
천 등 다양한 선택 기준이 있습니다. 많은 선택 기준에서 가장 중
요한 것은 음식 맛일 것입니다. 맛이 보장되지 않은 음식점은 아
무리 인테리어가 좋아도 별고 가고 싶지 않습니다. 요리사의 경

력이나 사람들의 추천도 역시 맛을 기본으로 하고 있습니다.

음식의 맛을 좌우하는 것은 조리과정과 양념, 요리사의 솜씨 등 다양한 요인이 있습니다. 요즘 방송 매체를 통하여 많은 요리사를 접하게 됩니다. 그들이 공통적으로 말하는 것이 하나 있습니다. 음식의 맛을 좌우하는 것은 원재료에 달려있다는 것입니다. 좋은 재료를 찾기 위해 이른 시간에 시장에 갑니다. 산지에 직접 가서 재료를 구하기도 합니다. 이것은 요리사뿐만 아니라 우리도 익히 알고 있는 부분입니다. 바닷가에 가서 신선한 회를 먹는 이유와 산지 직송 채소를 구입하는 이유가 바로 여기에 있습니다. 신선한 재료는 가장 좋은 요리이자 가장 좋은 맛을 낸다는 것을 알고 있기 때문입니다.

우리의 신앙도 마찬가지입니다. 신선한 재료처럼 역동적인 신앙이 되어야 합니다. 유통 기한이 오래된 재료처럼 숨이 죽어 있고 신선도가 떨어진다면 신앙인으로서 제대로 된 삶을 살아내기 어려울 것입니다.

나의 신앙은 어떤 모습입니까? 살아서 역동하는 모습을 하고 있는지 아니면 이미 숨죽어 있는 상태에 있는지 생각해봐야 겠습니다.

내 형제들아 만일 사람이 믿음이 있노라 하고 행함이 없으면
무슨 유익이 있으리요 그 믿음이 능히 자기를 구원하겠느냐
만일 형제나 자매가 헐벗고 일용할 양식이 없는데 너희 중에

누구든지 그에게 이르되 평안히 가라, 덥게 하라, 배부르게
하라 하며 그 몸에 쓸 것을 주지 아니하면 무슨 유익이 있으
리요 이와 같이 행함이 없는 믿음은 그 자체가 죽은 것이라
_ 야고보서 2장 14~17절

신앙이 살아있다는 것은 순종한다는 것입니다. 야고보는 '믿는
대로 행하고 있는가?'라며 오늘 우리에게 질문하고 있습니다.
성경에 나오는 두 사람을 소개 합니다. 한 사람은 부자청년이
고 다른 한 사람은 백부장입니다. 복음서에 보면 부자청년이 예
수님을 찾아옵니다. 그 청년은 어떻게 해야 구원 받을 수 있는가
에 대하여 예수님께 질문합니다. 청년은 어려서부터 계명을 다
지켰다고 말하지만 예수님께서 청년에게 재산을 다 팔아서 가난
한 사람들에게 주고 나를 쫓으라고 말씀하십니다. 그러자 청년은
심히 근심하여 예수님을 떠났다고 기록하고 있습니다.

예수께서 그를 보시고 사랑하사 이르시되 네게 아직도 한 가지
부족한 것이 있으니 가서 네게 있는 것을 다 팔아 가난한 자들
에게 주라 그리하면 하늘에서 보화가 네게 있으리라 그리고 와
서 나를 따르라 하시니 그 사람은 재물이 많은 고로 이 말씀으
로 인하여 슬픈 기색을 띠고 근심하며 가니라
_ 마가복음 10장 21~22절

다른 한 사람인 백부장 역시 복음서에 기록되어 있습니다. 그
는 자신의 하인이 중풍병에 걸려 죽어갈 때 예수님께 나아와 하인

고쳐주시기를 간청하였습니다. 예수님께서 집에 들어오시는 것을 감당할 수 없다고 말하면서 말씀만 하시면 나을 것이라고 믿었습니다. 이런 백부장의 믿음을 예수님께서는 칭찬하셨습니다.

예수께서 함께 가실새 이에 그 집이 멀지 아니하여 백부장이 벗들을 보내어 이르되 주여 수고하시지 마옵소서 내 집에 들어오심을 나는 감당하지 못하겠나이다 그러므로 내가 주께 나아가기도 감당하지 못할 줄을 알았나이다 말씀만 하사 내 하인을 낫게 하소서 나도 남의 수하에 든 사람이요 내 아래에도 병사가 있으니 이더러 가라 하면 가고 저더러 오라 하면 오고 내 종더러 이것을 하라 하면 하나이다 예수께서 들으시고 그를 놀랍게 여겨 돌이키사 따르는 무리에게 이르시되 내가 너희에게 이르노니 이스라엘 중에서도 이만한 믿음은 만나보지 못하였노라 하시더라 보내었던 사람들이 집으로 돌아가 보매 종이 이미 나아 있었더라 _ 누가복음 7장 6~10절

부자청년과 백부장 두 사람의 이야기는 예수님의 말씀을 듣고 어떤 반응을 보였는지 각각 그 모습을 보여줍니다. 근심하여 돌아간 부자청년과 하인의 병을 고치실 것을 확신했던 백부장의 모습은 우리에게 많은 것을 말씀하고 있습니다.

부자청년은 자신이 생각하고 옳다고 믿었던 것이 말씀과 부딪힐 때 반응하지 않았습니다. 고민하고 생각했지만 행동으로 반응하여 움직이지 않았고 수용하지 않았습니다. 반면에 백부장은 예수님의 말씀을 믿었습니다. 말씀에 반응하였고 분명하게 하인이

나을 것임을 확신하여 행동한 것입니다.

어떤 자극에 반응이 없는 것은 죽어 있기 때문입니다. 반응을 감지하는 신경이 죽었든지 개체 전체가 죽었든지 둘 중 하나입니다. 부자청년은 자신의 생각으로 인해 이미 죽어 있는 믿음으로 살아가고 있는 것입니다.

말씀에 반응하는 것이 중요한 것은 말씀이 내 속에 들어와서 그 생각을 바꾸어 순종하는 행동으로 가도록하기 때문입니다. 하나님의 말씀은 내가 판단하는 것이 아닙니다. 말씀을 따를 것인지 말 것인지 선택할 수 없습니다. 어떠한 것이라도 선하거나 그렇지 않다고 판단할 수 없습니다. 판단은 오직 하나님만이 하실 수 있으며 그 기준 또한 하나님께만 있습니다. 따라서 말씀을 따를 것인지 말 것인지를 고민 하는 것은 우리의 욕심과 하나님을 인정하지 않는 악한생각이 가득하기 때문입니다. 우리는 말씀을 판단하는 것이 아니라 따라야 하는 존재인 것입니다. 또한 하나님의 말씀은 가감하는 것이 아닙니다. 내가 생각할 때 부족하니까 하나쯤 더하고 너무 넘치니까 빼는 것이 아니라는 것입니다. 말씀 그대로 믿고 따르는 것입니다. 이것이 말씀에 반응하는 살아있는 신앙입니다.

> 내가 너희에게 명령하는 말을 너희는 가감하지 말고 내가 너희
> 에게 내리는 너희 하나님 여호와의 명령을 지키라
> _ 신명기 4장 2절

하나님의 말씀은 어제나 오늘이나 영원토록 변함없는 약속이며 사랑임을 기억해야 합니다. 판단하지 말고 믿어야 합니다. 그렇다고 막연하게 믿으라고 말하는 것은 아닙니다. 성경을 통해 하나님은 어떤 분이신지 아는 지식이 필요합니다. 그래야 우리가 무엇을 믿고 어떤 하나님을 믿는지 명확할 수 있습니다. 또한 흔들리지 않고 굳건하게 믿음을 지킬 수 있는 것입니다. 살아가는 모든 순간에 하나님께 기도하고 물어야 합니다. 그리고 성경을 통하여 하나님의 말씀을 들으며 해답을 찾아야 합니다. 성경은 우리에게 주신 하나님의 말씀이기 때문입니다. 우리의 믿음 바가 분명하지 않나면 어둠속에서 길을 잃은 것과 같은 모습이 될 수밖에 없기 때문입니다.

하나님은 우리가 많은 헌금을 하고 많은 일을 하는 것에 기뻐하시지 않습니다. 또한 예배에 참여하는 숫자가 많다고 하여 기뻐하시는 것도 아닙니다. 우리가 하나님의 말씀에 순종하고 그 말씀으로 인해 즐거워하는 것을 기뻐하십니다.

예수님께서는 순종에 대하여 이렇게 말씀하셨습니다. 두 아들이 있는데 맏아들에게 포도원에 가서 일하라고 했습니다. 이에 맏아들은 가겠다고 하고 가지 않았습니다. 둘째 아들에게 동일하게 말씀하셨습니다. 둘째 아들은 싫다고 말했지만 뒤에 뉘우치고 포도원으로 갔습니다. 이 두 명의 아들을 보고 예수님께서는 둘째 아들이 아버지의 뜻대로 행한 사람이라고 말씀하셨습니다. 말씀에 순종하는 것이 어떤 것인지를 분명하게 말씀하셨습니다. 겉모습뿐만 아니라 내면의 모든 모습도 따르는 것이 올바른 순종인 것입니다. 순종은 대답하는 것이 아니라 행동하는 것입니다.

> 그러나 너희 생각에는 어떠하냐 어떤 사람에게 두 아들이 있는
> 데 맏아들에게 가서 이르되 애 오늘 포도원에 가서 일하라 하니
> 대답하여 이르되 아버지 가겠나이다 하더니 가지 아니하고 둘째
> 아들에게 가서 또 그와 같이 말하니 대답하여 이르되 싫소이다
> 하였다가 그 후에 뉘우치고 갔으니 그 둘 중의 누가 아버지의 뜻
> 대로 하였느냐 이르되 둘째 아들이니이다 예수께서 그들에게 이
> 르시되 내가 진실로 너희에게 이르노니 세리들과 창녀들이 너희
> 보다 먼저 하나님의 나라에 들어가리라
> _ 마태복음 21장 28~31절

우리는 겉으로 드러나는 모습을 좋아합니다. 교회에서 봉사하
고 섬기는 것을 믿음의 척도라고 생각합니다. 그러나 봉사와 섬
김이 믿음으로 인해 드러나는 행위가 될 수는 있지만 그 자체가
믿음의 기준이 될 수는 없습니다. 그 행위가 믿음에서 나오는 것
인지 아니면 믿음과 상관없는 행동인지 우리는 알 수 없기 때문
입니다. 따라서 누군가 교회에서 열심히 일 한다고 해서 믿음이
좋다고 말할 수 없으며 봉사하지 않는다고 해도 믿음 없다고 말
할 수 없는 것입니다. 실제적인 예를 주변에서 어렵지 않게 볼 수
있습니다. 항상 좋은 모습으로 교회에서 봉사하고 헌신하는 사람
이 사업에도 성공하여 모든 것이 하나님의 은혜임을 간증합니다.
그의 행동과 삶의 모습은 많은 사람들에게 믿음의 표본으로 비춰
집니다. 그러나 어느 날 언론에서 그 사람의 잘못된 모습이 낱낱

이 드러나는 것을 목격하며 심한 배신감을 느낍니다. 차마 입에도 담기 싫은 일을 교회 밖에서 하고 있었고 심지어는 간증하고 다녔던 때도 여전히 죄를 짓고 있었다는 사실은 배신감을 넘어 충격에 가깝습니다. 그가 믿는 하나님은 어떤 분이며 그동안 봉사와 헌신을 하고 오직 하나님의 은혜라고 간증했던 것은 무엇인지 묻고 싶을 지경입니다. 안타깝지만 이런 사실을 자주 목격하고 있다는 것이 현실입니다. 우리가 보이는 모습만으로 그 사람의 믿음을 판단하고 있다는 것은 우리가 얼마나 연약하고 어리석은 자인지를 그대로 보여주는 일일 것입니다. 보이는 것으로 믿음을 판단하지 말아야 합니다. 오직 하나님만이 사람의 중심을 아시기 때문입니다.

어떤 사람은 말하기를 너는 믿음이 있고 나는 행함이 있으니 행함이 없는 네 믿음을 내게 보이라 나는 행함으로 내 믿음을 네게 보이리라 하리라 네가 하나님은 한 분이신 줄을 믿느냐 잘하는도다 귀신들도 믿고 떠느니라 아아 허탄한 사람아 행함이 없는 믿음이 헛것인 줄을 알고자 하느냐
_ 야고보서 2장 18~20절

하나님을 믿는 자가 살아있는 자입니다.

상황과 환경에 관계없이 하나님을 믿는 자가 바로 살아있는 신앙을 소유한 자입니다.

믿음이 있어야만 순종할 수 있습니다. 믿음은 자신의 생각과 습관을 변화 시켜 믿음이 이끄는 방향으로 움직이도록 합니다. 기존에 알고 있고 따르던 가치를 버리고 옳다고 생각하는 말씀을 따라 행동하는 것입니다.

옳다고 생각하는 그 것을 우리는 믿음 혹은 신념이라고 이야기 합니다. 물론 예수를 그리스도로 고백하는 성도에게는 신념에 따른 행동이 아니라 믿음에 따라 행동하는 것이겠지만 말입니다. 사람의 행동을 이끌어 간다는 의미에서 믿음과 신념을 이야기하고 있습니다. 믿음 혹은 신념이 행동을 바꾸고 일정한 방향으로 이끌어 간다는 것은 자신의 목숨까지도 버렸던 사람을 생각한다면 쉽게 이해할 수 있습니다.

믿음의 방향은 언제나 하나님을 향해 있어야 합니다. 쉽게 말해서 믿음의 대상이 오직 하나님이어야 하고 그에 따라 행동해야 하는 것입니다. 믿음의 대상이 원하는대로 움직이고 행동하는 것을 순종이라고 말하는 것입니다. 성경에는 순종 했던 많은 인물이 기록되어 있습니다. 아브라함은 말씀에 따라 본토 친척 아비 집을 떠났다고 말씀합니다. 베드로는 예수님의 부르심에 모든 것을 버려두고 따랐습니다. 기존에 가지고 있던 가치의 중심이 바뀐 것입니다. 하나님의 말씀과 예수님의 부르심이 삶의 방향을 새롭게 한 것입니다.

믿음은 방향을 새롭게 제시합니다. 그러나 그 방향에 대하여 우리가 고민할 필요는 없습니다. 어떻게 결정하고 어떻게 움직여야 할지 고민할 필요가 없습니다. 믿음으로 인해 들려오는 내면의 소리에 귀를 기울이면 길을 찾을 수 있기 때문입니다.

도마가 이르되 주여 주께서 어디로 가시는지 우리가 알지 못하
거늘 그 길을 어찌 알겠사옵나이까 예수께서 이르시되 내가 곧
길이요 진리요 생명이니 나로 말미암지 않고는 아버지께로 올
자가 없느니라 _ 요한복음 14장 5~7절

　말씀은 곧 예수 그리스도입니다. 성경 말씀을 통하여 계시하
시며 깨닫게 하시고 인도하십니다. 그래서 예수님을 따르는 삶은
말씀을 따라 살아가는 것입니다. 말씀이 우리 삶의 길이 되고 진
리가 되고 생명이 되는 것입니다. 이 말씀을 듣고 믿는 자 그리고
따르는 자가 바로 살아있는 사람입니다.
　살아 있는 사람은 언제나 어려움과 위험을 만나게 됩니다. 움
직이고 행동하며 다른 사람과의 관계를 맺고 있기 때문입니다.
우리의 신앙도 마찬가지입니다. 살아있는 믿음으로 산다는 것
은 편안하게 사는 것을 의미하지 않습니다. 예수님의 가르침과
그 뜻에 합당한 삶을 살기 위해서 우리의 가치관과 습관, 행동 까
지도 바꾸어야 합니다. 이 뿐 아니라 친구관계와 회사 생활 그리
고 가정에서도 많은 부딪힘이 생길 수 있습니다. 이런 것을 하나
씩 이겨나가는 것이 믿음을 지키는 것이고 살아있다는 증거가 되
는 것입니다. 내 속에 그리스도가 계시기에 어떤 상황에서도 그
를 의지하여 예전과 다른 행동을 하려고 힘쓰게 됩니다. 다른 사
람과 나누고 용서하며 때로는 손해 보는 일이 생기더라도 믿음의
길을 선택합니다. 말씀을 지키기 위해 발버둥치는 것입니다. 온
마음과 힘을 다하여 말씀에 집중할 때 올바른 성장이 있습니다.
안주하려 하지 않고 한 걸음씩 나아갑니다. 그렇게 살아있는 건

강한 믿음의 사람이 되는 것입니다. 겉과 속이 다른 모습은 있을 수 없습니다. 위선적인 모습으로 하나님을 믿는다고 말할 수 없습니다. 믿는다면 그 믿음에 따라 행동하는 것은 당연한 일입니다. 믿지만 행동하지 않는다면 그 믿음은 결국 믿지 않는 믿음인 것입니다.

나의 신앙은 어떤 상태에 있는지 점검해야 합니다. 믿음과 다른 행동을 하고 있다면 그것은 머리와 다리가 서로 다른 방향으로 가고 있는 우스꽝스러운 모습으로 신앙생활하고 있는 것입니다. 우리의 삶을 하나님께 맡기고 말씀을 믿고 따라 순종함으로 행하는 살아있는 신앙인이 되어야겠습니다.

믿음으로 의롭다함을 받는 것

야고보서 2장 21-26절

21. 우리 조상 아브라함이 그 아들 이삭을 제단에 바칠 때에 행함으로 의롭다 하심을 받은 것이 아니냐
22. 네가 보거니와 믿음이 그의 행함과 함께 일하고 행함으로 믿음이 온전하게 되었느니라
23. 이에 성경에 이른 바 아브라함이 하나님을 믿으니 이것을 의로 여기셨다는 말씀이 이루어졌고 그는 하나님의 벗이라 칭함을 받았나니
24. 이로 보건대 사람이 행함으로 의롭다 하심을 받고 믿음으로만은 아니니라
25. 또 이와 같이 기생 라합이 사자들을 접대하여 다른 길로 나가게 할 때에 행함으로 의롭다 하심을 받은 것이 아니냐
26. 영혼 없는 몸이 죽은 것 같이 행함이 없는 믿음은 죽은 것이니라

과학 기술의 발달은 우리 생활에 많은 변화를 주었습니다. 하루 안에 서울과 부산을 오가며 일하는 시대라고 놀랐지만 지금은 한국에서 아침 먹고 일본에서 일을 보고 한국에서 저녁을 먹을 수 있는 시대라고 합니다. IT 기술의 발달은 세계를 하나로 묶어 놓고 있습니다. 걸으면서 미국에 있는 친구의 얼굴을 보며 영국

에서 물건을 주문합니다. 신체의 이상여부를 확인해주기도 합니다. AR(Augmented Reality, 증강현실)과 VR(Virtual Reality, 가상현실)을 통해 상상속의 일들을 경험을 할 수 있도록 하고 있습니다. 머지않아 날아다니는 시대를 볼 수도 있을 것 같습니다.

기술의 발달이 모두 좋은 것은 아닙니다. 개인과 컴퓨터의 거리가 가까워지면서 사람과의 만남이 줄어들고 있습니다. 기계가 전화를 받고 화면을 보면서 음식을 주문하는 일은 일상이 되어가고 있습니다. 정보의 양은 얼마나 늘어나고 있는지 가늠할 수 없을 만큼 생성되고 있습니다. 세상의 흐름이 점점 빨라지고 급격하게 변하는 현상으로 인해 우리는 예측할 수 없는 시간을 살고 있습니다. 불확실성에 대한 불안감이 점차 커지고 있습니다.

불확실에 대처하기 위해 사람들은 나름대로 방법을 생각했습니다. 불안한 마음을 다스리기 위해 누군가를 찾아가 미래를 물어보고 위안을 얻습니다. 자신의 이야기를 들어 줄 사람을 찾고 그에게서 심리적인 안정을 얻으려고 합니다. 그러나 상호 관계를 맺기 보다는 필요에 의하여 찾아가는 선에서 그칩니다. 결국 또 다시 혼자만의 세상을 살아갑니다.

교회에도 개인주의적인 생각으로 예배하는 사람들이 있습니다. 내가 중심이 되어 말씀을 이해하고 하나님을 제한합니다. 내 필요에 따라 교회에 나오고 신앙생활을 합니다. 인맥을 형성하고 사업에 도움을 받기 위해 예배에 나옵니다. 자녀가 잘되고 질병의 치유를 위해 기도합니다. 그리고 자신이 원하는 바가 이루어진다면 더 이상 하나님을 찾지 않습니다. 우리의 아픔과 소원을 아뢰며 기도하는 것이 잘못된 것은 아닙니다. 그러나 그것만이 기도라고 생각하는 것은 잘못된 것입니다. 내가 기도하면 하나님은 들어주셔야 하는 분으로 인식하여 하나님의 하나님 되심을 잊고 나 중심으로 제한해 버리는 것은 왜곡된 믿음입니다.

교회의 대다수는 바른 믿음을 위해 힘쓰고 있습니다. 성경을 중심으로 바르게 믿음 생활하는 사람 역시 미래에 대한 두려움이 있습니다. 그러나 두려움을 이기고 살아갈 수 있는 이유가 있습니다. 하나님은 영원히 살아 역사하시는 분이기 때문입니다.

영원의 의미는 우리에게 매우 추상적으로 여기집니다. 왜냐하면 우리는 영원을 경험할 수 없고 단지 상상할 뿐이기 때문입니다. 영원은 과거와 현재 그리고 미래의 시간적인 개념이 없습니다. 시간의 개념 속에 있는 세상의 모든 것은 변하고 있지만 시간의 개념이 없는 영원의 상태에서는 어떤 변화도 일어나지 않습니다. 언제나 동일한 것입니다.

하나님이 영원하시다는 것은 시작과 끝이 없고 어떤 변화도 없으시다는 것입니다. 또한 어떤 변화도 없으실 것입니다.

나는 아브라함의 하나님이요 이삭의 하나님이요 야곱의 하나님
이로라 하신 것을 읽어 보지 못하였느냐 하나님은 죽은 자의 하
나님이 아니요 살아 있는 자의 하나님이시니라 하시니
_ 마태복음 22장 32절

불확실한 세상에서 변함없으신 하나님을 의지하는 것은 불확

실한 미래에 대한 두려움을 이기는 유일한 방법인 것입니다. 우리는 미래를 위해 무엇인가를 의지하고 불안한 마음을 맡기려고 합니다. 경제적인 풍요와 권력, 지식과 건강 등 자신이 생각하는 의지할 만한 것을 찾습니다. 그리고 그것을 소유하기 위해 힘을 다하고 마침내 다다르게 됩니다. 그러나 그 것도 시간 안에 있는 유한한 것이라 처음 기대했던 것과는 다르게 변하여 가치와 의미가 바뀌게 됩니다. 결국 변하지 않는 다른 것을 찾지만 그 또한 변하기에 완전하게 미래를 보장할 수는 없는 것입니다. 우리에게 주어진 시간을 허무하게 소비하고 이제는 남은 시간을 기다리는 무기력한 삶이 되는 것입니다.

연약한 나를 깨닫고 불완전한 나를 인정하고 하나님께 맡기는 것이 두려움을 이겨내고 우리 삶을 변화 시키는 원동력입니다. 삶의 모든 부분을 송두리째 맡겨야 합니다. 그러지 않고서는 오늘도 살아 역사하시는 하나님과 동행할 수 없습니다.

우리는 맡긴다는 의미를 잘 알고 있습니다. 사용에 대한 권한을 넘겨주는 것입니다. 그래서 무엇을 맡은 사람은 사용에 대한 권한이 있지만 그에 따른 책임도 함께 있는 것입니다. 즉 이제는 내가 하는 것이 아니라는 의미입니다.

병원에서 수술하는 경우 환자는 자신의 질병을 고칠 수 있는 방법이라고 확신하기 때문에 수술대에 오르는 것입니다. 그래서 자신의 몸을 모두 의사에게 내어 줍니다. 이때 의사는 환자의 상태를 고민하고 가장 좋은 결과를 만들기 위해 최선을 다하여 수술합니다. 맡긴다는 것은 이와 같이 송두리째 내어놓는 것입니다. 우리가 믿음을 가지고 하나님께 맡긴다는 것 역시 하나님께 모두 드리는 것입니다. 마치 수술대에 누워 의사에게 자신의 생명을 송두리째 맡기는 것과 같은 것입니다.

맡긴다고 하면서 내가 무언가를 해보려고 끝까지 버티는 것은 진정으로 맡긴 것이 아닙니다. 겉모습만 그럴듯하게 포장하고 있는 것입니다. 진정으로 맡겼다면 맡은 분을 끝까지 신뢰하고 인내하는 것이 올바른 모습인 것입니다. 누구보다도 우리를 사랑하시는 하나님께서 가장 좋은 결과를 만들어 내실 것이기 때문입니다.

우리 조상 아브라함이 그 아들 이삭을 제단에 바칠 때에 행함으로 의롭다 하심을 받은 것이 아니냐 네가 보거니와 믿음이 그의 행함과 함께 일하고 행함으로 믿음이 온전하게 되었느니라_ 야고보서 2장 21~22절

아브라함은 우상을 만들던 가정에서 태어나 우상을 만드는 일이 천직이었고 수많은 신들을 향했던 사람이었지만 본토 친척 아비집을 떠나라는 하나님의 말씀을 듣고 길을 떠납니다. 지금까지 살아왔던 고향을 떠나는 것은 단순하게 이사하는 수준이 아닙니다. 친족들을 떠나고 생업환경을 버려야 하는 것입니다. 외부의 공격으로 생명을 잃을 수도 있는 위험을 감수해야 하는 것입니다. 생각해보면 말도 안 되는 일이라고 여길 수 있습니다. 적당한 수준에서 타협하여 중간 지점까지 가겠다고 하거나 어떤 조건이 만들어지면 움직이겠다고 할 수도 있습니다. 그러나 아브라함은 하나님의 말씀을 믿고 길을 떠났습니다.

하나님께서는 아브라함을 통해 큰 민족을 이루고 이름을 창대하게 하며 복의 근원이 되게 하겠다고 말씀하셨습니다. 시간이 지날수록 아브라함은 하나님의 약속에 무뎌지고 자신의 생각대로 무언가를 하지만 하나님의 뜻에 어긋날 뿐이었습니다. 그럼에도 불구하고 하나님께서는 아브라함에게 하셨던 약속을 재차 확인시키며 계속해서 이끌어 가십니다. 그리고 마침내 약속하신대로 백세에 이삭을 낳게 됩니다. 하나님께서는 마지막으로 이삭을 번제물로 드리라는 말씀을 하십니다. 지금껏 약속해 주심에 대한 열매이고, 또 다른 약속을 주신 일도 없음에도 묻지도 따지지도 않고 순종합니다. 말도 되지 않는 것을 믿어내는 아브라함을 향해 하나님은 의라고 여겨 주시고, 성경은 믿음의 조상이라고 말합니다.

이에 성경에 이른 바 아브라함이 하나님을 믿으니 이것을 의로 여기셨다는 말씀이 이루어졌고 그는 하나님의 벗이라 칭함을 받았나니 이로 보건대 사람이 행함으로 의롭다 하심을 받고 믿음으로만은 아니니라 _ 야고보서 2장 23~24절

믿음으로 아브라함은 부르심을 받았을 때에 순종하여 장래의 유업으로 받을 땅에 나아갈새 갈 바를 알지 못하고 나아갔으며 믿음으로 그가 이방의 땅에 있는 것 같이 약속의 땅에 거류하여 동일한 약속을 유업으로 함께 받은 이삭 및 야곱과 더불어 장막에 거하였으니 _ 히브리서 11장 8~9절

아브라함이 약속을 믿은 것은 하나님을 믿었기 때문입니다. 하나님이 곧 말씀이고 말씀이 약속이라는 것을 믿은 것입니다. 그래서 하나님이 주시는 모든 말씀을 믿을 수 있었습니다. 우리가 온전한 믿음을 가지고 행하기 위해서는 말씀을 주시고 약속하시는 이가 하나님이심을 알고 믿어야 합니다. 내가 이해하는 수준으로 생각하고 믿는 것은 올바른 믿음이 아닙니다. 어떤 말씀에도 순종하고 그 뜻대로 따르는 것이 믿음입니다. 비록 이해할 수 없다하여도 선하신 하나님을 신뢰하며 나의 생각과 행동을 바꾸어 따라가는 것입니다. 말씀을 신뢰하고 끝까지 포기하지 않고 원하시는 길로 걷는 그것이 믿음이고 순종입니다. 이삭을 드리라는 말씀을 듣고 아브라함은 약속을 이루어 가시는 분이 하나님이시며 또한 가장 좋은 곳으로 인도하시는 분이라는 것을 믿고 이삭을 드렸던 것처럼 말입니다.

또 이와 같이 기생 라합이 사자들을 접대하여 다른 길로 나가게 할 때에 행함으로 의롭다 하심을 받은 것이 아니냐 영혼 없는 몸이 죽은 것 같이 행함이 없는 믿음은 죽은 것이니라
_ 야고보서 2장 25~26절

믿을 수밖에 없는 이유가 있어야 합니다.

여호수아의 정복전쟁에서 등장하는 이방 여인이며 기생의 신분을 가진 '라합'이라는 사람이 있습니다. 여리고성에 살고 있는 이 여성은 여호수아가 보낸 정탐꾼을 알아보고 그를 숨겨 줍니

다. 그는 출애굽사건과 요단 동편에서 아모리 사람의 두 왕의 나라를 점멸시킨 일을 들었다고 했습니다. 그리고 그 일을 행하신 이가 여호와 하나님이라는 것을 들었다고 말했습니다. 라합은 요단강을 건너온 두 명의 정탐꾼을 도와주면서 자신과 가족의 목숨을 보장 받았습니다.

> 믿음으로 기생 라합은 정탐꾼을 평안히 영접하였으므로 순종하
> 지 아니한 자와 함께 멸망하지 아니하였도다
> _ 히브리서 11장 31절

라합이 행했던 일은 큰 도박과 같은 행동을 했습니다. 정탐꾼을 신고한다면 눈앞에 보이는 어떠한 혜택과 보상을 받았을 수도 있습니다. 설령 그렇지 않더라도 자신의 나라를 정탐하러 온 사람을 신고하는 것은 라합의 입장에서 자연스러운 일입니다. 잘못하여 거짓이 발각된다면 위험한 상황에 빠질 수도 있기 때문입니다. 그러나 그녀는 정탐꾼을 돕는 것으로 결정하였습니다. 한 번도 대면하거나 누군가 알려준 일도 없이 소문으로 들었던 하나님입니다. 소문의 진위를 확인 할 수도 없는 상황입니다. 그럼에도 불구하고 그녀는 하나님의 사람들을 도와주었습니다. 큰 모험이고 도박과 같은 행동이 아닐 수 없습니다.

이 모험의 행동과 결단은 믿음에서 나왔습니다. 비록 이스라엘을 인도하시는 하나님에 대하여 소문으로 들었지만 그 속에는 확신이 있었습니다. 애굽에서 나오면서 있었던 사건과 어떤 상황에서도 이끌어 가시고 전쟁에서 이기게 하시는 분이 분명 하나님

이라고 믿었던 것입니다. 그렇기 때문에 자신의 모든 것을 걸었
던 것입니다. 자신의 목숨과 가족의 생명을 살리는 기회가 된 것
입니다.

하나님을 믿는다는 것은 하나님의 존재를 믿는 것입니다. 하
나님께서 늘 나와 함께하고 계시는 것을 믿는 것입니다. 오늘도
살아 역사하시는 하나님께서 나를 통하여 하나님의 일을 행하고
계시다는 것을 믿는 것입니다. 아브라함과 라합의 믿음이 이러
했습니다. 그래서 그들은 믿는 바에 순종했고 행동했습니다. 우
리가 믿는 다고 말 하지만 행동하지 않는다면 그것을 믿음이라고
말할 수 없습니다. 우리가 타고 있는 자동차가 벼랑 끝을 향해 달
려가고 있다는 경고의 소리를 들었다면 어떻게든 차를 멈출 것입
니다. 하지만 경고를 들었다고 말하면서도 끝까지 차를 몰고 간
다면 그 사람은 경고를 믿지 않는 것입니다. 이처럼 믿는 것과 행
동하는 것은 따로따로 생각할 수 있는 것이 아닙니다.

우리는 말씀을 듣고 그것을 따르기 위하여 많은 것을 생각해
야 합니다. 그러나 관계 안에서 이익과 손해를 따지는 일에 고민
하기 보다는 하나님께서 기뻐하시는 일인지 생각해야 합니다. 그
리고 하나님께서 기뻐하시는 일이라면 설령 내게 손해가 될지라
도 행동해야 합니다. 아브라함과 라합이 그랬던 것처럼 말입니
다. 믿음으로 행하고 결과까지도 하나님께 맡겨야 합니다. 말씀
에 순종하여 믿음으로 따르는 것 까지가 우리에게 주어진 몫인
것입니다.

아브라함과 라합의 믿음은 하루아침에 생긴 것이 아닙니다. 날마다 하나님을 향하여 마음을 열고 모든 삶을 고백하는 거룩한 생활이 있어야 합니다. 내안에 가득한 하나님을 향한 마음이 있어야 그 뜻을 이해하고 믿고 순종하는 살며 내 힘이 아닌 하나님이 부어주시는 은혜와 능력으로 살아가는 것입니다. 믿음이 우리 가운데 심겨지고 자라서 열매를 거두게 되는 것입니다.

우리는 어떤 행위를 하더라도 하나님 앞에서 의로운 사람이 될 수 없습니다. 모든 계명을 지키지 못했고 앞으로도 지키지 못합니다. 그래서 우리는 하나님을 의지하고 믿을 수밖에 없습니다. 그의 행하신 모든 일과 행하실 모든 일을 믿어야 합니다. 나를 사랑하시며 나를 통하여 하실 일을 믿어야 합니다. 나의 생각과 상황을 묻어두고 오직 하나님의 능력으로 이끄시는 것을 믿어야 합니다. 그것이 믿음으로 의롭다함을 얻는 삶인 것입니다. 약속의 말씀을 굳게 믿어 의롭다 칭찬 받는 삶을 살아가야 합니다.

PART 3

입증책임

3

BURDEN OF PROOF

단 한 번뿐인 인생

야고보서 3장 1-6절

1. 내 형제들아 너희는 선생된 우리가 더 큰 심판을 받을 줄 알고 선생이 많이 되지 말라
2. 우리가 다 실수가 많으니 만일 말에 실수가 없는 자라면 곧 온전한 사람이라 능히 온 몸도 굴레 씌우리라
3. 우리가 말들의 입에 재갈 물리는 것은 우리에게 순종하게 하려고 그 온 몸을 제어하는 것이라
4. 또 배를 보라 그렇게 크고 광풍에 밀려가는 것들을 지극히 작은 키로써 사공의 뜻대로 운행하나니
5. 이와 같이 혀도 작은 지체로되 큰 것을 자랑하도다 보라 얼마나 작은 불이 얼마나 많은 나무를 태우는가
6. 혀는 곧 불이요 불의의 세계라 혀는 우리 지체 중에서 온 몸을 더럽히고 삶의 수레바퀴를 불사르나니 그 사르는 것이 지옥 불에서 나느니라

자고 일어나면 똑같은 시간입니다. 어제와 같은 사람들이 내 옆을 지나가고 같은 번호의 버스를 탑니다. 앞에 있는 사람이 무슨 말을 할지 이미 알고 있기에 듣지 않아도 대답할 수 있습니다.

오늘 신문에 나오는 내용은 다 알고 있는 내용이라 흥미가 없습니다. 내가 좋아하는 사람의 마음을 얻기 위해 다양하게 시도하며 조금씩 실마리를 찾아 갑니다.

현실에서는 일어나지 않는 타임루프(Time Loop)를 소재로 만든 영화의 이야기입니다. 타임루프는 시간 여행에 대한 이야기로 계속해서 반복되는 시간을 살아간다는 것입니다. 쉽게 말하면 같은 시간과 상황이 반복적으로 일어나는 것입니다. 그래서 어떤 일을 다양한 방법으로 반복적으로 시도하여 문제를 해결하는 이야기가 주를 이룹니다. 주인공은 실수를 만회하거나 아픈 상황을 되돌려 자신이 원하는 방향으로 이끌이 갑니다.

가끔은 우리도 이런 상황이 되었으면 좋겠다고 생각할 때가 있습니다. 그러나 현실에서는 흘러가는 시간을 어떤 방법으로도 멈추거나 돌릴 수 없습니다. 한 번뿐인 삶을 살아가는 것입니다.

삶은 한 번이기에 우리는 우리에게 주어진 인생을 잘 살기위해 무엇이 중요한지 알아야 합니다. 삶의 가치와 방향을 올바르게 세우고 살아야 합니다. 출발선에서 앞으로 달려갈 목적지를 바라보는 것과 같은 것입니다. 목적지가 정해지고 뛰어가기 시작하면 다른 목적지를 설정하는 것은 쉽지 않습니다. 달린지 오랜 시간이 지났다면 더더욱 어려울 것입니다. 출발선에서 혹은 출발한지 얼마 되지 않아서 목적지를 수정해야 하는 것입니다.

어린 시절이 중요한 이유가 여기에 있습니다. 어릴 때 올바른 가치가 세워지지 않으면 그 사람은 굽은 길을 달릴 수밖에 없습니다. 그래서 부모가 자녀를 바르게 양육하는 것이 그 무엇보다 중요한 것입니다. 또한 좋은 스승을 만나는 것이 중요한 것입니다.

누군가에게 선생님이 된다는 것은 참 어려운 일입니다. 직업으로 선생님을 선택하려고 해도 많은 공부를 해야 하고 시험에 통과해야 합니다. 일련의 과정을 거쳐 선생님으로서 자격을 갖추었다고 해서 진정한 선생님이 되는 것은 아닐 것입니다. 지식을 전달하는 외면적인 선생님으로서의 자격은 갖추었을지 모르겠지만 우리가 이야기하는 진정한 선생님의 모습은 아닐 것입니다. 선생님은 지식과 함께 그 삶에 영향을 줄 수 있어야 합니다. 단순하게 지식을 가르치는 기능적인 일 뿐만 아니라 그 전인격적인 모습을 통해 가르침을 주고 배울 수 있어야 합니다. 어쩌면 선생님은 직업이라기보다는 사명이 아닐까 생각합니다. 복음을 전하는 목회자나 선교사를 사명감 없이 할 수 없다고 합니다. 의사나 경찰, 소방과 역시 사명감이 있어야 합니다. 왜냐하면 사람의 생명을 책임져야 하는 일이기 때문입니다. 의사나 소방관 혹은 목회자가 단순하게 직업으로만 생각하고 접근한다면 그 결과는 참담할 것입니다. 스스로도 힘들고 어렵겠지만 그에게 생명을 맡기고 있는 사람에게는 이보다 더 큰 위험은 없을 것이기 때문입니다. 선생님 역시 동일하게 생각해 볼 수 있습니다. 선생님은 지식을 가르치는 것뿐만 아니라 인생을 가르치는 사람입니다. 따라서 자신이 가진 지식과 삶의 태도에 대해서 책임을 져야 합니다. 최소한 자신이 가지고 있는 지식에 대한 올바른 믿음과 양심을 지키며 살아야 하는 것입니다. 만일 가르치는 것과 삶의 행동이 다르다면 그가 가르치는 것은 진정한 의미에서 올바른 지식이 아닐 것입니다. 올바른 지식은 그 행동까지도 이끌어 가기 때문입니다.

오래전에 행복전도사라는 별명을 가지고 있는 유명 강사가 있었습니다. 그의 강연은 어떤 상황에서도 나는 행복하다고 생각하며 현실을 극복하고 삶의 행복을 누리며 살아야 한다는 것이었습니다. 강연을 통해 많은 사람들이 현재의 어려움을 극복하고 행복한 삶을 꿈꾸며 자신과 가정에 대하여 고민하고 회복하는 기회를 가질 수 있었다고 이야기 합니다. 어떤 사람은 어둡던 미래가 환하게 밝아지는 느낌이었다고 말하기도 합니다. 그렇게 그는 많은 이들에게 선생님으로서 좋은 영향을 주었습니다. 그런데 어느 날 그가 자살했다는 소식이 모든 언론의 일면에 보도 되었습니다. 많은 이들에게 충격적인 소식이었습니다.

그에게 있는 고난은 다른 사람들이 겪는 고난과는 차원이 다른 것인가? 자신은 극복하고 행복할 수 없었는가? 하는 의문이 들었습니다. 누군가에게 희망을 가지고 용기를 내라고 말하지만 정작 자신 자신만큼은 어두운 절망과 좌절 속으로 끝없이 자신을 밀어 넣고 있었던 것입니다. 그가 말하고 가르쳤던 행복은 자신에게는 어떤 의미였을지 깊이 고민해 볼 수밖에 없습니다.

좋은 선생님은 말로 가르치는 것과 현실에서 살아가는 것의 차이가 크지 않습니다. 현실 가운데 살면서 부딪히는 일들을 극복하고 때로는 실패하면서 삶의 지혜와 지식을 쌓아가기 때문입니다. 이론이 필요하지만 꼭 이론대로 되지는 않습니다. 우리가 살아보지 못한 미래는 어떤 변수가 있을지 현재에 있는 이론으로 모든 경우를 예상할 수 없기 때문입니다.

그렇다면 우리에게 참된 선생님은 누구일까요? 가르침과 그 삶이 일치하며 많은 이들을 바른 길로 이끌어 주시는 분 말입니다. 우리가 살아가면서 경험하는 일들을 동일하게 경험하여 이론적이 아닌 현실적인 가르침을 주실 수 있는 분, 그 누구도 경험하지 못하는 죽음까지도 경험하신 분, 바로 예수님입니다.

이 땅에 영혼과 육체를 가진 완전한 인간으로 오셔서 우리와 동일한 일상 속에서 완전한 삶을 사셨습니다. 인생의 모든 어려움과 아픔을 겪으셨으며 굶주림과 슬픔까지도 경험 하셨습니다. 십자가에 달리심으로 죽음까지도 경험하셨습니다. 예수님의 이 모든 삶은 단순하게 살아간 것이 아니라 하나님의 법에 완전하게 순종하며 그 율법의 모든 것을 지키는 삶을 사신 것입니다. 예수님은 우리를 온전하게 가르칠 수 있는 유일한 선생님이 되십니다.

낙심과 절망에 사로잡혀 있는 사람에게 희망을 전하고 아파하는 사람에게 치료하는 것, 위로하고 격려하되 말 뿐만이 아닌 내면에서 나오는 진정한 사랑으로 대하는 것이 예수님을 따르는 우리의 모습 입니다. 선생이 되기 위해 선생의 모습을 하는 것이 아닌 우리의 참된 선생님이신 예수님이 가르쳐주신 대로 따르는 것이 우리가 찾아야 하는 올바른 선생님의 모습입니다. 그 모습을 따라 살아야 합니다.

하나님을 따른다고 하지만 우리의 본성은 언제나 내 눈에 좋은 길을 찾고 있습니다. 무언가 그럴듯하게 치장하지만 결국 연약한 우리는 실수합니다. 도덕적인 기준을 높게 세워놓고 힘을 다하여 그 기준에 다다른다고 하여도 결국 하나님 앞에서는 부족하고 연약한 존재일 뿐입니다. 물론 사람들에게 칭찬과 존경을 받는 대상이 될 수는 있지만 본질적으로 연약한 본성이 사라지는 것은 아닙니다. 그래서 우리는 자신의 연약함을 인정하고 완전하신 하나님으로 채워야 하는 것입니다. 육신으로 이 땅에 오신 하나님의 말씀을 통하여 우리 삶의 선명한 기준이 제시되고 나의 어떠한 노력이 아닌 하나님의 능력으로 살게 되는 것입니다.

하지만 말씀에 따르는 삶을 살다보면 모든 상황이 녹록치 않습니다. 말씀대로 하다가 손해를 보고 때로는 실패하고 망하는 경우도 있습니다. 하나님을 붙잡고 끝까지 놓지 않으려고 발버둥 치지만 상황이 달라지지 않습니다. 예배를 위해 주일에 일하는 것을 포기 했는데 오히려 일이 점점 없어지는 것을 봅니다. 예배하지 않는 사람들은 더 잘되고 크게 번성하는 것이 보입니다. 말씀에 따라 용서하고 가진 것을 나누지만 혼자만 어리석은 사람이 된 것 같아 무거운 마음마저 듭니다. 나만 혼자 뒤떨어진 삶을 사는 것은 아닌가 하는 생각에 고민하고 갈등하게 됩니다.

말의 입에 재갈을 물리는 것은 말을 사용하기 위한 것입니다. 재갈을 물리고 고삐에 매어서 마부가 원하는 방향으로 움직이도록 하는 것입니다. 재갈을 물리고 고삐를 매는 과정은 말에게는 힘든 과정입니다. 그동안 없던 것을 몸에 달아야 하고 아무런 제재 없이 자유롭게 움직이고 마음대로 생활했는데 이제는 누군가에 의해 움직여야 하기 때문입니다. 재갈을 물고 그에 적응하는 과정이 지나면 말은 마부의 관리 안에서 함께 많은 일을 하게 됩니다.

우리의 모습도 비슷할 것입니다. 하나님 말씀을 고백하고 선포하지만 진정으로 내 삶에 적용되는 과정에는 많은 어려움이 따라 옵니다. 내가 생각한 방법으로 하는 것이 훨씬 수월하고 손해를 보지 않는 것이라 할지라도 끝까지 하나님의 말씀을 붙잡는 것이 필요합니다. 말씀이 내 삶의 재갈이 되도록 놓치지 않고 그 안에 머물도록 해야 합니다. 재갈이 낯선 것이 아니라 내 삶의 일부로 생각되도록 인내하고 버티는 어느 순간 하나님의 능력을 보게 될 것입니다. 우리를 부르신 하나님의 좋은 일꾼이 되는 것입니다.

―――――

또 배를 보라 그렇게 크고 광풍에 밀려가는 것들을 지극히 작은 키로써 사공의 뜻대로 운행하나니 이와 같이 혀도 작은 지체로되 큰 것을 자랑하도다 보라 얼마나 작은 불이 얼마나 많은 나무를 태우는가 혀는 곧 불이요 불의의 세계라 혀는 우

아무리 큰 배라 할지라도 배의 방향을 움직이게 하는 것은 키입니다. 선장은 작은 키를 움직여 자신이 원하는 곳으로 배를 몰아갑니다. 또한 큰 불의 시작은 언제나 작은 불씨로 시작됩니다. 아무런 영향을 줄 것 같지 않은 작은 불씨가 서서히 커지면서 다른 곳에 옮겨 붙으면 걷잡을 수 없는 상황이 되어 버립니다. 마침내 모든 것을 태워버리게 됩니다.

야고보는 우리의 혀도 이와 같다고 말하고 있습니다. 몸에서 아주 작고 힘없어 보이지만 혀에서 나오는 말로 인해 우리의 삶이 바뀌어 질 수 있다는 것입니다. 말하고 생각하는 것이 행동으로 옮겨져 결국 인생에 영향을 끼치는 것입니다.

좋은 선생님을 만나는 것이 중요합니다. 그러나 선생님의 가르침에 어떻게 반응하는가도 무척 중요합니다. 가르침을 받은 대로 말하고 움직이는 것이 선생님에게서 가르침을 받는 사람의 마땅한 도리이며 올바른 모습입니다. 따라서 우리는 가르침을 받는 사람 혹은 말씀을 듣는 사람으로서의 책임이 있다는 것을 생각해야 합니다.

불은 화재의 현장에서는 모든 것을 파괴하는 무서운 흉기지만 주방에서는 꼭 필요한 도구가 됩니다. 말 한마디도 어떤 예리한 칼보다 무서운 무기로 많은 사람을 죽일 수 있지만 사람을 살리고 소망을 불어 넣어 주는 도구가 되기도 합니다. 말은 입에서 나오면 이내 사라져 버립니다. 소리는 사라지지만 말을 들은 사람의 머리와 생각 속에는 그 말이 오랫동안 남아 있게 됩니다. 그것을 통하여 생각과 삶이 변하는 이유가 되는 것입니다.

우리의 삶은 한 번 뿐입니다. 후회없도록 유일한 선생님이신 예수님의 가르침에 따라 살아가야 합니다. 그리고 예수님의 가르침에 따라 올바르게 전하는 또 다른 선생님으로서의 역할을 잘 감당해야 할 것입니다. 내가 무심코 던지는 한마디가 누군가에게는 삶을 흔들 수 있는 큰 영향력이라는 것을 기억하면서 말입니다.

생명수만 채워라

야고보서 3장 7-12절

7. 여러 종류의 짐승과 새와 벌레와 바다의 생물은 다 사람이 길들일 수 있고 길들여 왔거니와

8. 혀는 능히 길들일 사람이 없나니 쉬지 아니하는 악이요 죽이는 독이 가득한 것이라

9. 이것으로 우리가 주 아버지를 찬송하고 또 이것으로 하나님의 형상대로 지음을 받은 사람을 저주하나니

10. 한 입에서 찬송과 저주가 나오는도다 내 형제들아 이것이 마땅하지 아니하니라

11. 샘이 한 구멍으로 어찌 단 물과 쓴 물을 내겠느냐

12. 내 형제들아 어찌 무화과나무가 감람 열매를, 포도나무가 무화과를 맺겠느냐 이와 같이 짠 물이 단 물을 내지 못하느니라

여러 종류의 짐승과 새와 벌레와 바다의 생물은 다 사람이 길들일 수 있고 길들여 왔거니와 혀는 능히 길들일 사람이 없나니 쉬지 아니하는 악이요 죽이는 독이 가득한 것이라

_ 야고보서 3장 7~8절

요즘은 애완동물을 키우는 경우가 많습니다. 시대흐름에 편성하듯 방송에서는 동물과 함께하는 다양한 프로그램을 제작하여 내보내고 있습니다. 동물과 함께하는 식당과 카페가 있고 동물의 특색에 맞는 다양한 패션까지도 선택할 수 있습니다. 무엇보다도 애완동물의 종류가 다양해졌습니다. 개와 고양이가 애완동물의 대명사처럼 생각되었지만 지금은 햄스터, 원숭이를 비롯하여 파충류까지도 키우고 있습니다. 집에서 함께 지내며 살아간다는 의미로 '반려동물'이라고 말하며 좀 더 친근하게 표현합니다.

개와 고양이 같은 경우에는 전문적으로 관리하고 교육하는 곳도 있습니다. 사람과 함께 살아가기 위해 교육을 받기도 합니다. 동물이 가지고 있는 본래의 습관을 사람에게 맞게 가르친다는 것입니다. 사람과 함께 하기 때문에 가르치고 길들이는 것입니다.

동물과 사람을 비교할 것은 아니지만 가르치고 습관을 바꾼다는 의미에서만 보면 사람도 동일하게 생각됩니다. 하나님의 뜻과 상관없이 언제나 눈에 보기에 편하고 좋은 곳으로 가려는 사람의 본성이 하나님께 맞도록 길들여져야 하는 것입니다.

야고보는 여러 종류의 짐승과 새와 벌레는 다 길들여 왔지만 사람의 혀는 길들일 사람이 없다고 말하고 있습니다. 그렇다면 혀를 길들이는 것은 불가능한 일이 되는 것일까요?

─────

이것으로 우리가 주 아버지를 찬송하고 또 이것으로 하나님의 형상대로 지음을 받은 사람을 저주하나니 한 입에서 찬송과 저주가 나오는도다 내 형제들아 이것이 마땅하지 아니하

세면대에 있는 물은 양쪽에 온수와 냉수가 표시되어 있습니다. 그것을 조절하여 뜨겁게 혹은 시원하게 사용합니다. 물론 미지근한 온도를 만들 수도 있습니다. 그러나 절대로 할 수 없는 것은 온수와 냉수를 동시에 나오게 하는 것입니다. 쉽게 생각해봐도 물은 서로 섞이기 때문에 냉수와 온수의 중간의 온도로 변하게 되는 것이 당연한 일입니다. 물이 나오는 통로가 하나이기 때문에 냉수와 온수가 각각 가지고 있는 자신만의 정체성을 그대로 드러내지 못하는 것입니다. 만일 냉수와 온수를 동시에 나오게 하고 싶다면 각각의 통로를 만들어 주면 될 것입니다. 야고보는 우리 신앙인의 모습을 이와 같이 이야기 하고 있습니다. 하나님의 자녀로 찬양을 하고 복음을 전하는 말을 하면서 어떻게 저주와 악한 말을 할 수 있는가 하는 것입니다. 한 구멍의 샘에서 어떻게 단물과 쓴물이 나오게 하겠는가 하는 것입니다. 그럴 수 없고 그러면 안 된다고 말씀하고 있습니다.

자연이 잘 관리된 깊은 산에 가면 상수원 보호구역이 있습니다. 상수원 보호구역에는 아무나 들어갈 수 없습니다. 그곳은 수질을 보호하고 관리해서 많은 사람들에게 식수를 공급해야 하는 곳이기 때문입니다. 상수원에 문제가 생기면 사람들은 자신의 의지와는 상관없이 오염된 물을 마실 수밖에 없습니다. 따라서 좋은 물을 마시기 위해서는 최소한 상수원의 관리가 있어야 합니다. 그러나 상수원만 깨끗하다고 해서 깨끗한 물을 공급받을 수 있는 것은 아닙니다. 아무리 수질 관리를 해서 공급한다고 해도 연결되는 통로와 수도관이 오염되어 있다면 오염된 물을 마시게 되는 것입니다.

우리의 신앙도 비슷합니다. 구원받은 성도로서 말씀을 통해 하나님에 대한 믿음이 확고하게 자리 잡고 있어야 합니다. 마치 상수원처럼 믿음을 오염시키는 어떤 것도 허용해서는 안 될 것입니다. 하나님에 대한 순수한 믿음을 잘 지킬 수 있도록 불신앙의 마음과 생각의 접근으로부터 우리의 내면을 보호하는데 힘을 기울여야 합니다. 그리고 하나님의 사랑을 전달해야 합니다.

우리의 말과 행동은 상수원의 물을 전달하는 수도관과 같습니다. 거칠고 교만하여 남에게 불쾌한 마음을 줄 수 있는 말과 행동은 오염된 수도관과 같습니다. 하나님의 사랑을 전하기도 전에 이미 귀와 마음을 닫아 버리게 만드는 것입니다. 우리가 하나님의 자녀로서 우리의 말과 행동을 점검해야 하는 이유일 것입니다. 특히 입술의 말을 조심하고 관리하는 것은 무엇보다도 중요합니다.

청년시절부터 말을 제법 잘하는 편이었습니다. 모임에서 대화를 주도하고 분위기를 만들어가는 사람이 되곤 했습니다. 주로 남의 말을 들어주고 그것에 맞장구치는 방식이었습니다. 재미를 위해 누군가는 주인공을 만들고 또 누군가는 웃음거리로 만들었습니다. 조롱 섞인 말과 독설의 말을 듣는 사람은 기분이 나쁘겠지만 나머지 사람들은 몹시 유쾌한 시간이 되었습니다. 모임을 위해 소수가 희생하는 것은 어쩔 수 없는 일이라고 생각했기 때문입니다. 그런데 이런 태도를 바꾸게 된 계기가 있었습니다. 여느 때와 다름없이 모임을 진행하며 많은 말을 했습니다. 타깃이 된 한 청년을 두고 여러 말을 했습니다. 모두가 유쾌하게 웃고 즐거운 시간을 보내는 순간 이 청년이 갑자기 일어나서 나가 버렸습니다. 순간 분위기는 바뀌었고 뒤따라가서 이야기 했지만 나의 말로 인해 이미 마음의 상처를 받은 청년은 좀처럼 마음을 열지 않았습니다. 청년은 교회를 떠날 것도 고려하고 있다는 이야기를 듣고서야 문제의 심각성을 알았습니다. 그리고 스스로를 돌아보며 나의 잘못을 인식하고 그동안 해왔던 대화방식을 포기 하였습니다. 가능하면 말을 아끼고 다른 사람들이 대화에 참여할 수 있도록 자리를 내주었습니다. 주도하던 사람에서 들어주는 사람으로 변한 것입니다. 습관을 바꾸는 것이 쉽지 않았습니다. 그러나 나의 말로 인해 상처 받은 청년을 생각하며 다수를 위한 소수의 희생은 문제가 되지 않는다고 생각했던 어리석은 마음을 정리할 수 있었습니다. 물론 그 청년은 상처입고 닫혀있던 마음을 풀었고 다시 함께 했습니다.

내 형제들아 어찌 무화과나무가 감람 열매를, 포도나무가 무화과를 맺겠느냐 이와 같이 짠 물이 단 물을 내지 못하느니라
야고보서 3장 12절

성경에서 무화과나무의 열매와 포도나무의 열매를 비유로 들어 풍성하고 평안한 때를 말씀하는 경우가 종종 있습니다. 이때 무화과나무와 포도나무는 이스라엘을 비유로 표현하고 있습니다. 하나님의 통치를 받는 이스라엘이 무화과 열매와 포도 열매를 맺는다는 것은 평안한 시기로 올바르게 살아가고 있을 때입니다. 말씀을 따르고 그 삶의 초점이 온전히 하나님을 향해 있다는 것을 말하고 있습니다. 그러나 열매 맺지 못하는 때는 하나님을 떠나 죄악이 가득한 모습으로 살아가며 하나님의 진노 아래 있는 시대를 말하고 있습니다.

이스라엘은 하나님을 떠나서는 어떠한 삶도 살 수 없습니다. 하나님의 보호가 있을 때만 그들은 살아갈 수 있는 것입니다.

나무를 보면 그 열매를 생각할 수 있습니다. 지금은 열매가 없을지라도 시간이 지나면 어떤 열매가 맺힐지 충분히 예상할 수 있습니다. 무화과나무가 포도를 맺을 수 없고 포도나무가 무화과를 맺을 수 없기 때문입니다. 이처럼 당연한 사실을 우리는 특별하게 받아들이곤 합니다. 하나님의 보호를 받으며 말씀에 따라 살아가는 사람이라면 당연하게 하나님의 사랑이 가득한 열매가 맺혀야 합니다. 구원의 은혜를 깨달은 사람의 말과 행동에서 악한 것이 나오는 것이 오히려 특별한 경우일 것입니다. 그러나 우리의 현실은 특별한 일을 당연한 것으로 여기고 있습니다. 무화과나무에서 포도가 열리는 것과 같이 성도의 입에서 악과 저주를 쏟아내는 것입니다. 우리는 이러한 모습이 비정상이라는 것을 알아야 합니다.

누구나 삶에서 좋은 열매를 거두려고 합니다. 그러나 나의 말과 행동은 언제나 본성이 말하는 곳을 따라가는 경우가 많습니다.

하나님과 상관없는 내 기분과 상황을 따르는 것입니다. 하나님의 다스림을 받는 것이 아니라 스스로 다스리는 사람이 되어 버리는 것입니다. 말씀에 답이 있습니다.

> 그의 영광의 풍성함을 따라 그의 성령으로 말미암아 너희 속사
> 람을 능력으로 강건하게 하시오며 _ 에베소서 3장 16절

우리의 속사람이 강건해야 합니다. 내가 스스로 기준이 되는 것을 막아야 합니다. 그러기 위해서는 하나님의 말씀이 우리 가운데 가득 채워져야 합니다. 그 풍성함으로 우리의 속사람이 변하여 강건해지는 것입니다. 악한 말과 저주의 말, 교만과 자기자랑이 선하고 축복의 말로, 칭찬과 겸손의 말로 변화되는 것입니다.

우리의 마음 그릇에는 무엇이 담겨 있습니까? 삶을 살아가는 주된 에너지는 무엇입니까? 하나님 말씀으로 우리의 속사람이 바뀌어야 합니다. 하나님의 말씀을 끊임없이 심어야 합니다. 하나님께 내 삶을 내어드리고 하나님의 다스리심 안에서 살아가야 합니다. 하나님을 알아가는 것을 게을리 하지 말아야 합니다.

요즘 텔레비전을 보면 요리를 소재로 하는 프로그램이 많이 보입니다. 단순하게 요리를 하는 것뿐만 아니라 음식과 관련한 추억과 사연을 이야기하며 누군가에 대해 알아가는 시간이기도 합니다. 때로는 메뉴와 음식, 서비스 등에 대한 조언을 통하여 식당 운영에 도움을 주기도 합니다. 한마디로 음식을 소재로 하지만 사람이 살아온 삶과 내면의 이야기를 통해 공감하고 누군가를

위로하며 돕는 등 지극히 인간적인 모습을 보여주는 것입니다. 아픈 마음을 위로해주고 첫 사랑을 생각나게 하는 음식이 있고, 인생의 전환점이 되었던 음식이 있습니다. 그 기억을 찾고자 음식을 찾게 되는 것입니다. 음식이 주는 동일한 맛을 통하여 기억을 더듬는 것입니다.

잘 되던 식당이 어려워지는 경우도 봅니다. 여러 가지 이유를 찾아보지만 결과는 아주 단순하게 음식의 맛이 변한 경우가 대부분입니다. 아주 조금씩 달라지는 맛이 시간이 지날수록 처음과는 많이 다른 맛으로 변하여 손님이 떠나는 것입니다. 매일 만드는 음식이지만 그 맛을 동일하게 유지 하는 것이 얼마나 어려운 것인지를 엿볼 수 있습니다.

그리스도인으로, 성도로 부르심을 받은 우리는 하나님을 향한 한결같은 믿음을 가지고 말씀을 따르며 살아야 합니다. 조금씩 생기는 변화를 감지하지 못하면 어느 순간에는 경로를 크게 이탈한 모습이 될 수 있습니다. 날마다 기도와 말씀으로 믿음을 점검하고 자신을 돌아보아야 하는 이유가 여기에 있습니다. 입에서 나오는 말을 조심하고 분별해야 하는 이유도 다르지 않습니다. 성도로서 바르지 못한 불신앙의 말과 악한 말이 어느새 신앙을 다른 곳으로 이끌어 가기 때문입니다.

엘리야는 말씀으로 갈멜산에서 바알과 아세라의 선지자와 겨루어 승리했습니다. 베드로는 말씀으로 걷지 못하는 사람을 일으켰고 5천명이 넘는 사람을 하나님께로 인도했습니다. 바울은 말씀으로 이방인을 전도하고 세계 곳곳에 교회를 세웠습니다. 말씀을 선포할 때 사탄은 힘을 잃고 떠나는 기적을 보기도 했습니다. 다른 어떤 능력이 아니라 말씀을 의지하였을 때 성령의 능력으로 이루어진 일입니다. 하나님만을 향하고 하나님만을 의지하였기 때문입니다. 순전한 믿음을 통하여 하나님의 능력이 나타난 것입니다.

우리의 입으로 하나님의 능력을 선포하기도 하지만 때로는 저주를 말하기도 합니다. 이런 모습은 잘 만들어진 맛있는 요리에 식초를 뿌려서 망치는 것과 같을 것입니다. 구원에 대한 믿음은 어떤 훈련을 통해서 생겨나지는 않습니다. 오직 하나님께서 주시는 은혜로 우리가 받을 수 있습니다. 그러나 구원받은 성도가 말씀을 믿고 따르는 일은 우리가 꾸준하게 지켜야 하는 것입니다. 그동안 내 속에 있던 악한 모습을 버리고 하나님께로 초점을 옮기는 일을 해야 하는 것입니다. 말씀에 붙들리고 말씀으로 살아내는 사람이 되어야 합니다. 하나님의 말씀 외에 너무나도 귀한 것으로 여기던 것들의 우선순위를 재정리해야 합니다. 오직 하나님이 일순위에 계셔야 합니다. 그것이 온전한 믿음이고 그것을 밖으로 표현 하는 것이 행동이고 우리 입술의 말인 것입니다.

그러므로 내가 한 법을 깨달았노니 곧 선을 행하기 원하는 나에게 악이 함께 있는 것이로다 내 속사람으로는 하나님의 법을 즐거워하되 내 지체 속에서 한 다른 법이 내 마음의 법과 싸워 내 지체 속에 있는 죄의 법으로 나를 사로잡는 것을 보는도다
_ 로마서 7장 21~23절

우리의 마음은 늘 갈등의 상황과 마주칩니다. 내 속에는 하나님의 말씀을 따르고자 하는 나와 그렇지 않은 두 모습의 내가 있다고 바울은 이야기하고 있습니다. 두 명의 끊임없는 갈등 속에서 조금 더 우세한 쪽이 밖으로 표현되는 것입니다. 우리가 불신앙의 악한 말을 입에 두는 것은 내면에 있는 불신앙에게 먹이를 주는 것과 같은 것입니다. 그래서 불신앙이 더 강력하게 자라도록 하는 것입니다.

우리는 믿음의 말과 행동을 통하여 믿음이 강건해지도록 해야 합니다. 말씀을 듣고 깨달음으로 믿음의 힘을 길러야 합니다. 믿음의 영역이 100%가 되도록 늘 힘써야 합니다. 하나님을 의지하며 어떤 상황에서도 믿음으로 나갈 수 있도록 해야 합니다. 그럴 때 우리의 입술은 하나님이 주관하심을 통해 능력이 선포되고 하나님의 나라가 선포되는 것입니다. 우리의 입술이 거룩해지는 것은 온전한 믿음만으로 가능합니다. 성령의 생수를 가득 채우고 입술로 표현하는 성도가 되어야 할 것입니다.

하나님의 지혜로 살아가라

야고보서 3장 13-18절

13. 너희 중에 지혜와 총명이 있는 자가 누구냐 그는 선행으로 말미암아 지혜의 온유함으로 그 행함을 보일지니라
14. 그러나 너희 마음 속에 독한 시기와 다툼이 있으면 자랑하지 말라 진리를 거슬러 거짓말하지 말라
15. 이러한 지혜는 위로부터 내려온 것이 아니요 땅 위의 것이요 정욕의 것이요 귀신의 것이니
16. 시기와 다툼이 있는 곳에는 혼란과 모든 악한 일이 있음이라
17. 오직 위로부터 난 지혜는 첫째 성결하고 다음에 화평하고 관용하고 양순하며 긍휼과 선한 열매가 가득하고 편견과 거짓이 없나니
18. 화평하게 하는 자들은 화평으로 심어 의의 열매를 거두느니라

웰빙(Well-being)은 우리 삶에 있어서 큰 주제가 되어있습니다. 기본적인 의식주에 대한 것을 비롯하여 휴식과 레저, 문화 등 사회의 전반적인 부분에 영향을 끼치고 있습니다. 농업과 산업기술의 발달로 전반적인 생활수준이 높아졌기 때문에 양의 문제에서 벗어나 질의 문제인 웰빙에 관심을 가지게 된 것입니다. 배고

픈 것이 해결된 후 다른 것을 찾으려는 자연스러운 현상입니다.

웰빙은 몸과 마음이 편안하고 행복을 추구하는 삶을 말합니다. 사람들은 웰빙을 위해 경제적인 풍요를 추구하고 갈망합니다. 남보다 나은 자리를 차지하고 더 많은 것을 얻기 위해 치열한 경쟁 속에서 끊임없이 노력합니다. 정당한 경쟁은 승자와 패자를 만들지만 그것을 통하여 양쪽 모두에게 성장의 기회를 제공해줍니다. 그러나 공정하지 못한 경쟁은 누군가를 좌절하고 실패하게 만드는 요인이 됩니다.

사람들은 잘 사는 것에 대한 초점을 부와 명예, 권력 등 자신이 소유하고 싶은 곳에 맞추고 있습니다. 그래서 그것을 얻기 위해서 사용하는 방법에는 크게 상관하지 않는 경우가 있습니다. 지혜롭다는 말 속에는 자신이 원하는 것을 획득하기 위한 방법을 적절하게 사용한다는 의미가 포함되어 있습니다. 눈치가 빠르거나 약삭빠르게 행동하는 것, 남 보다 앞서가기 위해 하는 행동을 지혜로운 것이라고 생각합니다.

그러나 성도에게 지혜로운 것의 의미는 다릅니다. 추구하는 것이 다르고 목표되는 곳의 초점이 다르기 때문입니다. 참된 지혜는 하나님으로부터 주어지는 것입니다. 사람들이 말하는 지혜와는 전혀 다르게 사용됩니다. 그래서 교회는 세상에서 통용되는 보편적인 생각과 가치로 판단해서는 안 됩니다. 우리를 부르신 하나님께 초점이 맞추어진 교회는 하나님의 기준 적용이 요구되어지는 곳입니다. 그래서 사회적 지위와 명예, 빈부귀천의 가치가 그대로 교회에서 적용되어서는 안 되는 것입니다.

너희 중에 지혜와 총명이 있는 자가 누구냐 그는 선행으로 말미암아 지혜의 온유함으로 그 행함을 보일지니라 그러나 너희 마음 속에 독한 시기와 다툼이 있으면 자랑하지 말라 진리를 거슬러 거짓말하지 말라 이러한 지혜는 위로부터 내려온 것이 아니요 땅 위의 것이요 정욕의 것이요 귀신의 것이니

_ 야고보서 3장 13~15절

하나님이 말씀하시는 지혜의 내용과 가치는 세상의 것과는 다릅니다. 그렇기 때문에 세상의 지혜와 가치가 그대로 교회로 유입되어서는 안 됩니다. 추구하는 바가 완전히 다르기 때문입니다.

우리가 지혜라고 여기는 것들의 대부분은 우리의 소망 혹은 욕심을 이루기 위한 것으로 정욕이라고 표현하고 있습니다. 우리의 생각과 본성 안에 있는 것으로 하나님과는 관계 없는 것이 대부분입니다. 하나님의 지혜가 이르도록 하는 가치는 생명을 향해 있습니다. 사람을 세우고 살리고 가르치는 것에 초점이 맞춰져 있습니다. 교회에서는 세상적인 기준과 방식을 그대로 사용해서 안 되는 이유가 여기에 있습니다. 이처럼 세상의 것과 하나님이 원하시는 것에 대한 분명하게 다른 것이 있음에도 불구하고 우리는 그것을 구별하지 않는 경우가 많습니다.

성도로서 전도하고 복음을 전하는 것은 마땅한 일입니다. 교회에서 전도대회를 하고 그 결과를 가지고 시상하는 것은 조금 생각해 보아야하는 일입니다. 전도하지 못했던 사람에게 동기부여를 시키고 시상을 통하여 격려하고 응원하겠다는 선한 목적을 가지고 있습니다. 그러나 전도를 해야 하는 근본적인 이유를 생각한다면 그 출발부터가 옳다고 할 수 없을 것입니다. 경쟁을 통해 하나님의 일을 이루어 가는 경우는 성경에서도 말하고 있지 않습니다. 또한 선한의도를 가지고 시상한다고 하지만 결국 누군가는 그것으로 인해 상처를 받거나 소외되기도 합니다. 심지어 시상을 목표로 하는 잘못된 방향을 선택하는 사람도 생겨납니다. 극단적인 이야기가 될 수도 있겠지만 선한 일을 하려고 시작한 전도가 누군가를 실족하고 악한 곳으로 이끄는 도구가 될 수 있다는 것입니다. 하나님의 일을 하나님 보다 더 잘 해보려는 욕심에서 오는 오류가 분명합니다.

교회 안에는 숫자로 그 결과를 생각하는 경우가 종종 있습니다. 부서 인원의 증감을 중요하게 여기는 모습은 마치 수익이 나지 않는 회사를 폐업하거나 합병하는 것과 같은 모습입니다. 교회의 부서를 없애거나 합칠 수 있습니다. 그러나 어떤 이유에서 그 일이 진행되는 것인가를 생각한다면 분명하게 다시 생각해 보아야할 것입니다.

하나님의 일을 하는 근본적인 동기는 은혜를 깨닫는 곳에서 시작되어야 합니다. 받은 은혜가 넘쳐서 어찌할 수 없는 감격으로 인해 주변에 전도하게 되는 것입니다. 이것은 자발적이고 능동적이며 적극적으로 나타나는 것입니다. 목숨을 아끼지 않고 복음을 전하는 많은 분들이 있는 이유이기도 합니다. 따라서 복음을 전하며 전도하는 사람이 갖는 기본적인 마음은 하나님의 은혜와 사랑인 것입니다. 사랑과 시상은 큰 차이가 있으며 분명하게 다른 것입니다.

교회 안에서도 얼마나 많은 것들이 하나님이 주신 가치를 오염시키고 훼손하고 있는지 모릅니다. 우리가 모르는 사이에 이미 들어와 있는 교회 밖의 기준과 방법을 경계해야 합니다. 위로부터 오는 지혜가 아닌 것을 계속해서 붙잡고 그 것을 마치 하나님의 말씀인 것처럼 착각하는 모습에서 깨어나야 하는 것입니다. 우리가 잘못된 것을 진리인 것처럼 붙잡고 있다면 하나님께서 세우신 교회와 성도의 모습이 아닌 것입니다.

하나님의 지혜를 구해야 합니다. 지혜는 하나님께로 오는 것이기에 우리는 하나님을 알아야하고 말씀을 알아야 합니다. 하나님을 경외하는 지, 하나님을 기뻐하는 자가 되어야 합니다. 세상의 논리와 방법이 교회와는 다르다는 것을 인식하고 우리가 살아가는 곳마다 하나님의 지혜와 가치로 바르게 세워지는 일에 힘써야 할 것입니다.

> 여호와를 경외함이 지혜의 근본이라 그의 계명을 지키는 자는
> 다 훌륭한 지각을 가진 자이니 여호와를 찬양함이 영원히 계속
> 되리로다 _ 시편 111편 10절

남녀가 만나 연애 하고 결혼을 하더라도 일정기간 동안 서로에 대해 적응하는 시간이 필요합니다. 어쩌면 사는 내내 적응하고 이해하며 알아가는 시간이 필요할 수도 있습니다. 오랜 시간 서로 다른 환경에서 성장하며 몸에 길들여진 습관과 사고방식이 다르기 때문입니다. 좋아하는 음식이나 취미, 휴식하는 방식, 잠자고 일어나는 습관 등 일일이 나열할 수 없는 소소한 것까지도 다릅니

다. 치약을 사용할 때 중간을 누르는지 아니면 끝을 눌러 사용하는지 하는 문제로 언쟁을 벌이는 경우가 있다고 하니 얼마나 많은 사람들이 서로 다른 환경을 가지고 있는지 충분하게 이해할 수 있습니다.

서로 다른 것을 머리로 인식하지만 그것을 그대로 둔다면 끝까지 평행한 관계를 유지할 수밖에는 없을 것입니다. 상대를 이해하고 인정하며 그것에 적응해가는 과정을 거쳐야만 조금씩이라도 가까워질 수 있습니다. 우리가 교회 밖의 기준과 방식이 다르다는 것을 인식했다면 거기에서 머물러서는 안 된다는 것입니다. 마치 벽을 쌓듯이 근본적으로 차단하는 이분법적인 사고를 가지지 말아야 한다는 것입니다. 그렇다고 교회 밖에 있는 방법과 기준을 교회에서 수용해서 서로 뒤섞자고 말하는 것도 아닙니다. 서로 다르다는 것을 인정하는 차원에서 내 것을 지켜나가자는 것입니다. 그렇게 되어야 하나님께서 우리에게 원하시는 이웃을 사랑할 수 있는 기회가 생기는 것입니다. 우리의 삶과 행동으로 진정한 사랑이 어떤 것인지 보여주어야 합니다. 우리가 행동을 통하여 하나님의 사랑을 알게 한다는 명확한 기준이 있다면 강압적으로 주장하는 모습을 보이지는 않을 것입니다. 말씀을 통하여 충분하게 자신에 대하여 인지한 후 성령님께서 주시는 지혜와 온유한 모습으로 행할 것입니다. 하나님께서 주신 것만이 완전하고 선하며 열매를 맺게 하는 능력이 있기 때문입니다.

오직 위로부터 난 지혜는 첫째 성결하고 다음에 화평하고 관

성결(holiness, 聖潔)은 '구별되다' '드려지다'는 의미를 가지
고 있으며 이는 하나님과의 관계에서 생각할 수 있습니다. 하나
님 앞에서 거룩하게 구별되는 삶을 이야기하는 것입니다. 나만을
위하고 보호하는 자기중심적 본성에서 벗어나 순수한 마음으로
하나님께 나아가는 삶을 말합니다. 성결하게 사는 것은 하나님의
지혜를 삶의 중심에 두고 사는 것이며 말씀의 능력으로 인해 유
혹과 죄를 이기고 능동적으로 삶을 구별할 수 있는 것입니다.

화평(peace, 和平)은 '샬롬'이라는 히브리어로 많이 쓰이고 있
습니다. '평화'와 '화친'의 의미를 가지고 있습니다. 누군가와 좋은
관계를 맺거나 평화스러운 상태를 유지하는 외면적이고 1차적인
의미도 될 수 있지만 근본적인 의미는 하나님과의 관계에 있습니
다. 죄인의 모습으로 그 삶이 죄에 얽매어 자유하지 못한 상태에
서 구원받은 의인이 되었을 때 우리가 누리는 참된 평화와 안식
이 있는 것입니다. 따라서 화평한 삶을 사는 것은 먼저 나의 모습
에서 깊은 은혜를 깨닫고 다른 사람을 보는 것입니다. 우리가 다
른 사람을 공격하고 비난하며 깎아내리는 것이 아니라 이해하고
용서하고 섬기는 능력이 바로 여기서 생기는 것입니다. 하나님의
은혜와 지혜로 말미암습니다.

관용(gentleness, 寬容)은 '양보하다', '참아주다'는 의미를 가지고 있습니다. 내가 생각하는 시간이나 방식, 계획을 누군가에게 강요하고 고집을 부르는 것이 아니라 기다리고 인내하는 것입니다. 이것은 하나님의 때와 방법을 신뢰하고 기다리는 우리의 신앙과도 연결되는 것입니다. 내 것만 고집하는 것이 아니라 하나님께 주도권을 드리고 인내하는 것이 관용적인 삶인 것입니다.

양순(submissive, 良順)은 '너그럽고 순하다'는 의미로 부드러움 말합니다. 어떤 일에도 화내고 관계를 단절 시키는 것이 아니라 포용하고 감싸는 것입니다. 이 또한 사람의 생각과 지식으로는 쉽게 행할 수 있는 것은 아닙니다. 하나님께서 우리를 향해 보여주신 너그러움을 깨달을 때 조금이라도 행할 수 있는 것입니다.

긍휼(mercy, 矜恤)은 '측은히 여긴다', '불쌍하게 여긴다'는 의미입니다. 나보다 남을 먼저 생각하는 행위일 것입니다. 남을 먼저 생각하는 것은 사랑하고 안타까워하는 마음이 있어야 하는 것입니다. 물론 이러한 생각은 우리를 구원하신 예수 그리스도의 사랑에서 온 것입니다. 죄인의 모습으로 죽을 수밖에 없는 우리를 불쌍하게 여기시고 사랑하셔서 사람의 몸으로 이 땅에 오셔서 죽으시며 모든 죄를 담당하신 것입니다. 그 사랑과 긍휼의 마음을 깨닫는 사람이 다른 누군가에게 긍휼한 마음을 베풀 수 있는 것입니다.

하나님께서 우리에게 원하시는 선한 열매는 삶의 모습을 통하여 맺히게 됩니다. 하나님께서 의로운 것이라고 여기시며 기뻐하시는 결과가 되는 것입니다. 내가 가진 힘과 능력으로 이러한 열매를 맺을 수는 없습니다. 하나님께서 부어주심으로 가득 채워진 지혜가 있어야만 가능한 것입니다. 말씀의 깊은 은혜를 깨닫는 것이 먼저 되어야 누군가에게 손을 내밀 수 있는 것입니다. 우리가 속해있는 교회공동체이든 직장과 사회조직 혹은 가정이라 할지라도 말씀을 통한 우리의 본 모습을 발견하지 못한다면 어떤 열매도 맺을 수 없습니다. 하나님의 지혜를 사모하고 그 은혜로 나를 발견하고 주변을 살리는 온전한 성도가 되어야 합니다.

PART 4
입증책임
4
BURDEN OF PROOF

방향을 점검하라

야고보서 4장 1-5절

1. 너희 중에 싸움이 어디로부터 다툼이 어디로부터 나느냐 너희 지체 중에서 싸우는 정욕으로부터 나는 것이 아니냐
2. 너희는 욕심을 내어도 얻지 못하여 살인하며 시기하여도 능히 취하지 못하므로 다투고 싸우는도다 너희가 얻지 못함은 구하지 아니하기 때문이요
3. 구하여도 받지 못함은 정욕으로 쓰려고 잘못 구하기 때문이라
4. 간음한 여인들아 세상과 벗된 것이 하나님과 원수 됨을 알지 못하느냐 그런즉 누구든지 세상과 벗이 되고자 하는 자는 스스로 하나님과 원수 되는 것이니라
5. 너희는 하나님이 우리 속에 거하게 하신 성령이 시기하기까지 사모한다 하신 말씀을 헛된 줄로 생각하느냐

오래전에 방송되었던 예능프로그램 중에서 사람의 심리적인 부분을 소재로 했던 것이 생각납니다. 어떤 상황에 맞닥뜨렸을 때 '도움을 줄 것인가?' 아니면 '그냥 지나칠 것인가?' 하는 고민을 하다가 선택에 따라 어떤 결과가 나오는지 보여주는 형식이었습니다. 누구라도 경험할 수 있는 상황을 재미있게 풀어내며 나

는 어떻게 했을까하며 지켜보았던 기억이 있습니다. 프로그램의 주인공뿐만 아니라 현실에 있는 나도 어떤 선택을 앞에 두고 고민하고 갈등하게 됩니다.

그렇다면 우리는 왜 갈등하는 것일까요? 이유는 깊게 고민하지 않아도 간단하게 생각할 수 있습니다. 두 가지 이상의 생각과 가치가 서로 부딪히기 때문입니다. 이렇게 하는 것이 더 좋을 것이라고 생각하지만 또 다른 생각이 나를 끌어당기고 있기 때문입니다. 서로 다른 방향으로 가려고 하거나 충돌하는 상태일 때 우리는 갈등하게 됩니다.

다른 사람과의 관계에서도 마찬가지입니다. 각자 가지고 있는 생각의 다름과 가치판단, 기준이 서로 충돌할 때 갈등을 유발하게 되는 것입니다. 이때 나의 이익이나 목적을 달성하고 조금이라도 더 좋은 위치를 차지하기 위해서 혹은 더 많은 소유를 위해서 자신의 주장만 한다면 대립이 생기고 급기야 싸움으로 번지게 됩니다.

경쟁하는 것을 부정하는 것은 아닙니다. 공정한 경쟁에서는 최선을 다해서 좋은 결과를 만들어야 하는 것이 당연합니다. 다만 협력이 필요한 곳에서 경쟁하는 태도를 가지고 자신의 이익을 우선 하려는 것에 대해 경계하고 있는 것입니다.

너희가 순종하는 자식처럼 전에 알지 못할 때에 따르던 너희 사욕을 본받지 말고 오직 너희를 부르신 거룩한 이처럼 너희도 모든 행실에 거룩한 자가 되라 기록되었으되 내가 거룩하니 너희도 거룩할지어다 하셨느니라 _ 베드로전서 1장 14~16절

세상의 기준과 방법을 따르는 풍조와 흐름에 휩쓸리지 말고 하나님의 법을 지키며 성도의 본분을 지켜야 한다는 것입니다. 거룩하신 하나님과 같이 거룩해지도록 힘써야 한다는 것입니다. 거룩하다는 것은 관념적인 것이 아닙니다. 무언가 점잖고 무거운 행동을 해야 하는 것을 거룩하다고 생각하지만 그렇지 않습니다. 성도로서 세상의 방법으로부터 구별되고 분리되어 하나님의 기준에 합한 모습으로 살아가는 것이 바로 거룩한 모습입니다. 구별되고 분리된 모습으로 섞이지 않고 말씀을 잘 지키며 살아가는 모습이 거룩한 것입니다. 따라서 거룩한 성도는 그 기준과 행동이 분명 달라야 하는 것입니다.

너희 중에 싸움이 어디로부터 다툼이 어디로부터 나느냐 너
희 지체 중에서 싸우는 정욕으로부터 나는 것이 아니냐
_ 야고보서 4장 1절

거룩함을 잃어버린 사람은 세상 속에 섞여서 구별되지 않는 세상과 동일한 모습으로 살아갑니다. 자신과 연결된 이해관계에 따라 생각하고 행동합니다. 이런 모습으로 살아갈 때 우리는 교회 안에서도, 가정 안에서도 자신만을 위하는 정욕으로 서로 다투고 싸우는 존재로 전락해버린다는 사실을 알아야 합니다. 정욕이란 무엇을 말하는 것일까요?

이 세상이나 세상에 있는 것들을 사랑치 말라 누구든지 세상을 사랑하면 아버지의 사랑이 그 속에 있지 아니하니 이는 세상에 있는 모든 것이 육신의 정욕과 안목의 정욕과 이생의 자랑이니 다 아버지께로 좇아 온 것이 아니요 세상으로 좇아 온 것이라 이 세상도, 그 정욕도 지나가되 오직 하나님의 뜻을 행하는 이는 영원히 거하느니라 _ 요한일서 2장 15~17절

요한일서에서는 세상에 있는 것을 사랑하지 말라고 말씀하시면서 그것이 정욕이라고 말씀하고 있습니다. 육신의 정욕과 안목의 정욕과 이생의 자랑이라고 말하고 있습니다. 좀 더 구체적으로 말한다면 세상을 사랑하면 아버지의 사랑이 그 속에 있지 않다고 말하고 있습니다. 하나님의 말씀을 따르지 않거나 하나님보다 더 마음이 가는 것을 정욕이며 이것은 세상으로 좇아 온 것이라고 말씀하고 있는 것입니다. 세상이 추구하는 쾌락과 무절제하고 감각적인 욕망, 헛된 소망 등 말초적인 욕구와 욕심을 말합니다.

욕심은 때때로 일과 행동에 대하여 동기부여를 합니다. 더 소유하고 싶고 더 좋은 것을 갖고 싶고 더 잘 하고 싶은 마음을 통하여 개인의 성장과 문화의 진일보가 있기도 합니다. 공부하지 않는 아이가 달라지는 이유가 되기도 하고 게으른 사람이 자리를 털고 일어나는 계기가 되기도 합니다. 그러나 욕심이라는 것은 끊임없이 하나님의 뜻과 계획에 상관없는 곳으로 나를 이끄는 일을 합니다. 동기부여가 되지만 그것 자체가 목적이 되는 오류를 만들어 냅니다. 어느 정도 순기능을 하지만 결코 우리를 거룩

한 자리에 놓아두지 않는 것이 욕심이라는 것을 알아야 할 것입니다. 우리가 무언가를 시작하는 동기 역시 하나님께 있어야 합니다. 따라서 하나님의 자녀로서 우리가 해야 할 일은 욕심을 따라 세상 사람들과 똑같이 조금이라도 더 차지하려고 싸우는 것이 되어서는 안 됩니다. 모든 것은 하나님께 있으며 그 것을 주시고 사용하시는 분 역시 하나님이시기 때문입니다.

———

너희는 욕심을 내어도 얻지 못하여 살인하며 시기하여도 능히 취하지 못하므로 다투고 싸우는도다 너희가 얻지 못함은 구하지 아니하기 때문이요 구하여도 받지 못함은 정욕으로 쓰려고 잘못 구하기 때문이라 _ 야고보서 4장 2~3절

우리는 목적을 이루기 위해 구하는 것과 삶의 가치의 방향이 나의 기준에서 하나님께로 전환되는 것이 필요합니다. 야고보는 목적을 달성하기 위해 욕심을 내고 다투고 싸우며 심지어 살인을 하여도 얻지 못한다고 말씀하고 있습니다. 다르게 말하면 인간이 할 수 있는 어떤 수단과 방법으로 노력하고 힘써도 얻지 못하는 것이 있다는 것입니다. 얻지도 못하지만 구하지도 않기에 얻지 못한다고 말씀하고 있습니다.

모든 것의 주인 되시는 하나님을 고백하는 우리는 목적을 이루는 과정과 방법까지도 하나님께 있다는 것을 알아야 합니다. 하나님께 기도하고 구해야 합니다. 구하는 것을 주시겠다고 말씀

하고 있습니다. 하나님께 구한다는 것은 내가 정한 목적을 향하여 내 힘으로 이루어 가는데 하나님께서 보조적인 역할을 해달라는 것이 아닙니다. 내가 할 수 없는 부분이 있으니 그것을 채워 달라고 구하는 것도 아닙니다. 목적을 세우는 것부터 그것을 이루어가는 모든 과정을 하나님께 맡기는 것입니다. 그렇다고 손을 놓고 아무것도 하지 않는다는 의미는 아닙니다.

우리는 기도하고 구하며 충분하게 우리의 노력을 기울여야 합니다. 다만 하나님을 말씀과 뜻을 염두에 두지 않고 내가 기준이 되어 무엇이든 결정하고 움직이는 것을 멈추라는 것입니다. 내가 주체가 되는 것이 아니라 하나님께서 주체가 되시고 내가 따라야 하는 것입니다. 전적으로 맡기는 것입니다.

> 너희 중에 누가 아들이 떡을 달라 하는데 돌을 주며 생선을 달라 하는데 뱀을 줄 사람이 있겠느냐 너희가 악한 자라도 좋은 것으로 자식에게 줄 줄 알거든 하물며 하늘에 계신 너희 아버지께서 구하는 자에게 좋은 것으로 주시지 않겠느냐
>
> _ 마태복음 7장 9~11절

하나님께서는 그 어떤 분 보다 나를 아시고 사랑하시는 분입니다. 가장 좋은 것을 아시고 그것을 주시기 위해 준비하고 계시는 분이십니다. 부모는 자식에게 좋은 것을 주고 싶어 합니다. 자신은 비록 악한 일을 하고 있더라도 자기 자식에게는 좋은 것을 주고 싶어 합니다. 또한 자식에게는 자신의 악한 모습을 보이고 싶지 않으며 자신과 같이 악한 일을 하는 것을 원하지도 않습니

다. 그것이 부모의 마음이라는 것입니다.

하나님의 우리를 향한 마음은 부모의 사랑을 초월합니다. 가장 좋은 것을 주고 풍성한 사랑을 베푸시기를 원하십니다. 가장 좋은 것을 준비하시고 주고 싶어 하십니다. 그래서 우리에게 구하라고 말씀하십니다. 그러나 우리는 구하지 않습니다. 설령 구한다고 해도 주시는 분이 무엇을 원하는지 생각하지 않고 구하기 때문에 얻지 못하는 것입니다. 주신다고 했지만 무엇을 달라고 해야 하는지를 모른다는 것입니다. 하나님의 뜻이 어디에 있는지 알지 못하기에 무엇을 어떻게 구해야하는지 알지 못하는 것입니다.

세상 사람들과 구별되는 거룩한 모습은 사라지고 똑같은 모습으로 나만의 욕심을 채우기 위해 치열한 경쟁을 하며 살아가고 있는 것입니다.

그러므로 염려하여 이르기를 무엇을 먹을까 무엇을 마실까 무엇을 입을까 하지 말라 이는 다 이방인들이 구하는 것이라 너희 하늘 아버지께서 이 모든 것이 너희에게 있어야 할 줄을 아시느니라 _ 마태복음 6장 31~32절

기도는 우리에게 어떤 유익을 주고 있는지 생각해보아야 합니다. 우리의 필요나 소원을 말하고 이루어 달라고 조르는 것이 기도라고 생각한다면 큰 오해입니다. 이러한 형태는 교회 밖에도 얼마든지 볼 수 있습니다. 정화수를 떠 놓고 새벽마다 자식 잘 되기를 하늘에 빌었던 우리의 선조가 있었습니다. 날짜를 정해놓고 기

도하는 곳도 있습니다. 심지어는 교회에서도 비슷한 형태의 기도를 하곤 합니다. 열심히 달라고 빌면 주실 것으로 생각하기 때문입니다. 하나님을 마치 요술램프를 문지르면 나타나서 소원을 이루어주는 거인 '지니' 정도로 생각하기 때문에 일어나는 일입니다.

기도는 나의 필요와 소원성취를 위해 열심을 다해 행하는 어떤 행위가 아닙니다. 기도는 은혜를 깨닫고 하나님과 더 친밀한 관계를 가질 수 있는 유일한 길입니다. 따라서 기도를 꾸준하게 열심히 하는 것은 하나님과의 친밀한 교제로 그 뜻을 더 알아가는 것입니다. 물론 우리의 필요와 소원 그리고 아픈 것 까지도 아뢰고 구할 수 있지만 그것이 전부는 아니라는 것입니다.

기도를 통하여 하나님의 뜻을 알아간다면 우리가 구하는 것 역시 달라질 것입니다. 나의 욕심에 따라 구하거나 하나님의 뜻과는 전혀 상관없는 것을 구하는 일이 일어나지는 않을 것입니다. 나에게 필요한 것이 아닌 하나님의 뜻에 무게 중심을 옮기는 일이 중요한 것입니다.

간음한 여인들아 세상과 벗된 것이 하나님과 원수 됨을 알지 못하느냐 그런즉 누구든지 세상과 벗이 되고자 하는 자는 스스로 하나님과 원수 되는 것이니라 너희는 하나님이 우리 속에 거하게 하신 성령이 시기하기까지 사모한다 하신 말씀을 헛된 줄로 생각하느냐 _ 야고보서 4장 4~5절

성경에서 결혼은 일부일처제를 말하고 있습니다. 간음은 경계해야 할 죄입니다. 야고보는 간음한 것을 세상과 벗된 것이라고 말하며, 하나님과 원수 되는 것이라고 말하고 있습니다. 세상의 벗이 된다는 것은 세상과 가깝게 지내며 함께 하며 서로 섞여 있다는 것입니다.

우리는 세상에서 살고 있습니다. 그렇다면 우리는 모두가 세상과 벗을 하며 사는 것일까요? 그렇지는 않습니다. 단순하게 세상에서 사는 것을 세상과 벗한다고 말하는 것이 아닙니다. 만일 그렇다면 우리가 살 수 있는 곳은 어디에도 없을 것입니다. 세상 속에서 살면서 자신의 정체성을 잃어버린 것에 대하여 말씀하고 있습니다. 간음한 여인으로 말씀하신 것을 보면 쉽게 알 수 있습니다. 자신의 정체성을 잊어버리고 그 위치를 이탈하여 다른 사람과 함께 하는 것입니다. 하나님의 자녀로서 본분을 잊어버리고 세상의 풍조에 섞여 있는 것이 간음한 여인의 모습입니다. 양쪽에 걸쳐서 살아가는 모습을 말하고 있습니다. 그 모습을 하나님께서 싫어하시다 못해 원수가 되는 것이라고 말씀하고 있는 것입니다.

세상과 벗이 되듯 친밀한 모습으로 살지 말고 정체성을 분명하게 하는 성도로서 하나님과의 동행에 힘쓰라는 것입니다. 세상에서 치열하게 살아가면서도 하나님을 향한 초점은 흐려지지 말라는 것입니다.

우리가 높은 지위에 올라가고 풍요로운 생활을 한다고 해도 결코 하나님의 뜻을 잊어서는 안 되는 것입니다. 성령 하나님과 동행하며 스스로를 점검해 가며 그리스도의 마음을 품고 살아가는 것을 원하시는 것입니다.

> 너희 안에서 행하시는 이는 하나님이시니 자기의 기쁘신 뜻을
> 위하여 너희에게 소원을 두고 행하게 하시나니
> _ 빌립보서 2장 13절

우리 안에서 행하시는 분은 성령 하나님입니다. 하나님의 기
뻐하시는 그 뜻을 우리에게 주시고 그것이 소원이 되게 하심으로
하나님의 거대한 꿈에 참여할 수 있게 해주시는 것입니다.

우리가 세상을 사랑하고 세상 사람들과 똑같이 살아가는 것을
절대로 그냥 내버려두지 않으신다는 것입니다. 고난을 통하여 우
리 스스로가 이 세상 가운데 얼마나 어리석고 연약한 존재인지를
깨닫게 하시는 이유이기도 합니다. 교만과 자랑을 무너뜨리고 하
나님 없이는 살아갈 수 없는 존재라는 것을 알고 모든 것이 은혜라
는 것을 스스로 고백하게 하십니다. 하나님 앞에 겸손히 기도하게
하십니다. 세상의 정욕이 우리의 마음을 차지하지 못하며 우리의
마음이 오직 말씀으로 기쁨으로 가득 채워지도록 하십니다.

> 내가 이르노니 너희는 성령을 따라 행하라 그리하면 육체의 욕
> 심을 이루지 아니하리라 육체의 소욕은 성령을 거스르고 성령은
> 육체를 거스르나니 이 둘이 서로 대적함으로 너희가 원하는 것
> 을 하지 못하게 하려 함이니라 _갈라디아서 5장 16~17절

우리는 어떤 방향으로 나아갈지 분명하게 해야 합니다. 세상

속에서 살아가며 정체성을 분명히 하여 우리가 생각하는 목표와 소망까지도 그 초점이 하나님만을 향해 있어야 합니다. 이루는 방법까지도 하나님께 맡기고 따라가야 합니다. 부분이 아니라 전적으로 맡기고 행해야 합니다. 그것이 우리를 향한 하나님의 뜻이며 성도의 바른 모습입니다. 말씀을 통하여 성령의 인도하심을 의지하여 우리의 방향을 날마다 점검해야 합니다.

하나님이 기뻐하는 마음, 하나님이 축복하시는 마음

야고보서 4장 6-7절

6. 그러나 더욱 큰 은혜를 주시나니 그러므로 일렀으되 하나님이 교만한 자를 물리치시고 겸손한 자에게 은혜를 주신다 하였느니라
7. 그런즉 너희는 하나님께 복종할지어다 마귀를 대적하라 그리하면 너희를 피하리라

한 알의 밀알이 땅에 떨어지고 썩어져서 많은 열매를 맺는다는 말을 합니다. 밀알에 들어 있는 생명이 썩으면서 자라날 수 있는 양분이 되어 또 다른 생명체로 자라난다는 것입니다. 우리는 떨어지는 밀알을 강조하면서 이야기하지만 사실 밀알만으로 새로운 생명을 만들어 내지는 못합니다. 밀알과 어울려 함께 싹을 틔울 흙이 있어야 합니다. 떨어지는 밀알이 흙에 떨어져야 합니다. 밀알이 썩을 수 있고 또한 썩은 밀알에서 싹이 나고 그것을 지속적으로 자라날 수 있게 하는 영양분이 흙에 있어야 하는 것입니다. 오염되고 척박한 땅에 떨어진다면 어떤 생명체도 살아날 수 없습니다.

하나님 말씀이 선포되고 내 속에 뿌려지지만 우리의 마음이 온전히 준비되지 않는다면 뿌리 내리고 열매를 맺는 일은 일어나지 않습니다. 말씀을 통한 변화와 하나님의 사랑을 깨닫는 것에 무감각해진 모습으로 살아가는 빈 껍질과 같은 모습입니다.

―――――

그러나 더욱 큰 은혜를 주시나니 그러므로 일렀으되 하나님 이 교만한 자를 물리치시고 겸손한 자에게 은혜를 주신다 하 였느니라_ 야고보서 4장 6절

하나님께서 우리를 향하여 계획하고 준비하고 계시지만 그 것을 온전하게 받을 만한 그릇이 준비되지 않아서 지체되고 있는 것입니다. 어떤 마음 밭이 되어야 할까요? 하나님께서 기뻐하시는 마음과 축복하시는 마음은 어떤 마음일까요? 어떤 사람을 도우시고 사용하실까요? 우리가 하나님의 뜻에 합당한 사람이 되도록 힘써야 합니다. 쓰임 받는 자격을 갖추기 위함이 아닌 성도의 마땅한 본분이기 때문입니다.

뒤집어진 그릇에는 빗물을 담을 수 없습니다. 떨어지는 빗물을 받기 위해서는 그릇을 바로 세워놓아 하늘을 바라보게 해야만 합니다. 공간이 있어야 빗물이 모이는 것입니다. 당연하고 상식적인 이야기지만 우리는 종종 그러한 사실을 간과하는 경우가 있습니다. 우리가 준비되어 있지 못하다면 하나님께서는 더 많은 시간을 통하여 우리를 만들어 가실 것입니다. 하나님께서 맡겨주신 일을 시작하지도 못하고 준비만 하다가 끝나는 경우가 생길 수도 있습니다. 물론 그 역시도 하나님의 은혜를 입은 삶이 되겠지만 말입니다.

하나님께서 기뻐하시는 삶은 겸손하고 순종하는 삶입니다. 교만한 자를 물리치시고 겸손한 자에게 은혜를 주신다고 말씀하십니다. 하나님께서는 교만한 것을 싫어하시며 죄라고 말씀하십니다.

무릇 마음이 교만한 자를 여호와께서 미워하시나니 피차 손을 잡을지라도 벌을 면하지 못하리라 _ 잠언 16장 5절
사람의 마음의 교만은 멸망의 선봉이요 겸손은 존귀의 길잡이니라 _ 잠언 18장 12절
눈이 높은 것과 마음이 교만한 것과 악인이 형통한 것은 다 죄니라 _ 잠언 21장 4절

교만(arrogance, 驕慢)은 '자신을 높이고 능력을 과시하는 것', '자신을 자랑하는 것'이라는 사전적인 의미를 가지고 있습니다. 하나님께서 교만을 미워하시고 죄라고 말씀하시는 것이 여기에 있습니다. 우리는 어떤 상황에서도 스스로 높아질 수 있는 존재가 아닙니다. 피조물인 우리는 하나님 보다 높아질 수 없고 하나님의 은혜와 도우심 그리고 보호하심 안에서만 자유와 안전함을 누릴 수 있는 것입니다. 에덴동산에서 하나님의 존재를 부인하고 스스로 높은 자가 되어 선악을 판단하려는 욕심을 가졌던 인간의 모습이 교만이고 죄악인 것입니다. 내가 스스로 창조주인 하나님의 자리에서 선악을 판단하려는 모습인 것입니다. 하나님만이 우리의 구주이시고 창조주시라는 것을 알면서도 하

나님을 생각하지 않고 스스로 결정하고 선택하는 모든 것이 바로 교만인 것입니다. 그런 의미에서 교만은 모든 죄의 시작점이 기도 합니다.

하나님께 묻지 않고 기도하지 않고 따르지 않는 것 모두가 스스로 할 수 있다는 마음에서 오는 교만입니다. 우리는 모든 삶에서 나의 연약함을 인식하고 하나님을 인정하며 말씀에 순종하는 삶을 살아야 합니다. 그것이 바로 겸손한 삶인 것입니다. 모든 시선과 생각의 중심을 하나님께 두는 것입니다. 어려운 상황이나 선택의 기로에서 기도하며 그 뜻을 묻는 기도를 하는 것뿐만 아니라 일상생활에서도 기도하며 교제를 이어나가야 합니다. 연애 시절 사랑하는 사람이 머리에서 떠나지 않고 늘 함께 했던 것처럼 하나님을 떠올리는 것입니다. 사랑하는 사람이 무엇을 좋아하며 어떤 것에 기뻐하는지 고민하며 그가 기뻐하는 일을 위해 노력했던 것 같이 하나님께서 기뻐하시는 일을 찾고 행하는 것이 하나님을 중심에 둔 삶입니다.

우리는 하나님과 상관없는 삶을 살아 왔습니다. 하나님을 떠나려는 악한 본성에 길들여져 있기 때문에 성도로 부르심을 받았지만 하나님을 중심에 두고 사는 것에 익숙하지 않습니다. 무엇이든 처음 하는 일은 쉽지 않습니다. 시간이 필요하고 부단한 노력이 필요합니다. 말씀을 가까이하고 묵상하며 시간을 드리는 일이 우선되어야 합니다. 하나님께서는 무엇이라고 말씀하실까? 하는 질문을 하며 나의 판단을 잠시 멈추고 생각하는 습관이 필요합니다. 느릴지라도 조금씩 하나님을 중심으로 생각하고 행동하는 사람으로 변화되는 것입니다. 이 또한 하나님께서 인도하시고 이끌어 가시며 믿음의 길을 걸을 수 있는 사람으로 변화시키시는 것입니다. 아브라함이 그랬고 요셉이 그랬으며 모세와 다윗이 그렇게 쓰임 받았습니다.

어렵고 힘든 생활로 고단한 인생길을 걸을 때 능력 있는 두 팔로 안으시고 붙잡아 주시는 분이 하나님 이십니다. 나만의 힘으로는 할 수 없지만 성령님의 도우심으로 버티고 견뎌낼 수 있는 것입니다.

중독을 치료하는 과정 가운데 가장 먼저 하는 것은 자각하도록 하는 것입니다. 스스로 중독에 빠져있다는 것을 인식하는 것으로부터 치료는 시작 됩니다. 나의 연약함을 인정하고 하나님께 도움을 구하는 겸손한 자세를 갖는 것이 하나님께서 인도하시는 것을 깨닫는 시작인 것입니다.

하나님께서는 우리에게 그토록 주기를 원하지만 교만하여 그 마음을 깨닫지 못한 자녀에게는 고난과 어려움을 통하여 낮아지게 하실 때가 있습니다. 자기만의 세상에서 하나님을 잊고 살아가는 연약한 모습을 기뻐하지 않으십니다. 아픔을 통하여 괴로운 일을 통하여 그 마음을 돌이키기를 원하십니다. 우리도 자녀가 당한 어려움을 이겨낼 수 있도록 도와주고 격려해주고 싶어 합니다. 부모의 도움을 거절한다고 해도 끝까지 지켜보며 관심을 가지고 마음을 돌이키도록 애씁니다. 타이르기도 하고 때로는 힘든 순간을 그대로 놓아두어 스스로 깨닫기를 바라는 것입니다. 부모의 여러 가지 노력에도 불구하고 자녀가 돌이키지 않는다고 해서 포기하지 않습니다. 보이지 않게 지켜보며 절체절명의 순간에는 자녀를 보호하고 돕습니다. 그의 생명에 해가가지 않도록 최선을 다합니다. 이것이 부모의 마음이며 우리를 향한 하나님 아버지의 마음입니다.

사람은 누구나 고난을 싫어하며 편한 것을 추구합니다. 그래서 다른 사람보다 낮은 모습으로 사는 것을 좋아하지 않습니다. 인정 받아야하고 성공하며 부유한 것을 자랑하고 싶은 마음이 가득합니다. 약한 것보다는 강한 모습을 보이는 것이 타인으로 하여금 자신이 쉬운 사람으로 보이지 않게 하는 것이라고 생각합니다. 그러나 우리가 알아야 할 것은 인생에 대한 평가는 누구나 거쳐야 하지만 그것을 평가하는 것은 내가 아니고 하나님이라는 사실입니다. 평가 기준 또한 내가 정하는 것이 아니고 하나님께 있다는 것입니다.

나의 연약한 모습을 알고 하나님의 크신 능력을 아는 것이 겸손이라고 했습니다. 우리의 평가 기준이 하나님께 있다는 것을 인정하는 것 역시 겸손한 믿음이 있어야 가능합니다. 하나님께서 평가하실 것이며 그 길을 걸어가게 하실 것이라는 사실을 알아야 합니다. 편안하고 부유한 삶을 살더라도 하나님의 기준이 있다는 것을 믿는다면 누군가에게 자랑하고 뽐내지 않을 것입니다. 어려운 고난의 길에 놓여 있다고 할지라도 겸손하게 하나님께서 하실 일을 기대한다면 결코 주눅 들거나 실망하지 않을 것입니다. 꿋꿋하게 있는 상황을 살아낼 것입니다. 그것이 하나님께서 원하시며 우리를 이끄시는 것이라는 사실을 알기 때문입니다.

하나님을 모르는 사람이 눈에 보이는 결과를 가지고 교만하게 행하는 것을 보면 승승장구하는 것 같고 하나님 안에서 어려움을 겪고 있는 모습 사람은 실패한 것 같지만 아니라는 것입니다. 하나님께서 계시기 때문에 우리에게는 소망이 있고 역전할 수 있는 기회가 있는 것입니다. 설령 반전 없이 그대로 끝난다고 할지라도 하나님의 말씀 안에 머물러 있다면 우리는 칭찬 받는 삶을 산 것입니다. 하나님께서 기뻐하는 곳에 있기 때문입니다.

———

그런즉 너희는 하나님께 복종할지어다 마귀를 대적하라 그리하면 니희를 피하리라   야고보서 4장 7절

가끔 누군가의 부탁 때문에 곤혹을 치를 때가 있습니다. 거절해야 하는 상황이지만 부탁한 사람과의 관계를 생각해서 단호하게 거절하지 못해서 생기는 문제입니다. 부탁을 들어 줄 수도 없고 그렇다고 거절하기에는 뭔가 찜찜한 느낌이 들어서 어물쩍 거리다가 인간관계 까지도 깨질 위기에 처합니다. 처음에 거절했더라면 서운한 마음은 들었겠지만 관계는 유지 되었을 것인데 태도를 분명하게 하지 못한 것에 많은 후회가 되었습니다.

태도가 분명하다는 것은 가지고 있는 기준과 생각이 명확하다는 것입니다. 어떤 사안에 대해 분명한 가치관을 가지고 생각하고 판단하며 결정하는 것입니다. 우리는 어떤 태도를 가지고 살고 있는지 생각해보아야 합니다.

엘리야가 모든 백성에게 가까이 나아가 이르되 너희가 어느 때까지 둘 사이에서 머뭇머뭇 하려느냐 여호와가 만일 하나님이면

그를 따르고 바알이 만일 하나님이면 그를 따를지니라 하니 백
성이 말 한마디도 대답하지 아니하는지라 _ 열왕기상 18장 21절

엘리야는 태도가 분명하지 않은 백성들을 향하여 외칩니다.
하나님 편에 있을 것인지 아니면 바알의 편에 있을 것인지 선택
하라고 말입니다. 이 부분을 다른 번역으로 보면 좀 더 와 닿는
부분이 있습니다.

당신들은 언제까지 마음을 정하지 못하고 망설이고 있을 작정
이오? 만일 여호와가 하나님이면 여호와를 섬기고, 만일 바알이
하나님이면 바알을 섬기시오. 그러나 백성들은 한 마디도 대답
하지 않았다.
_ 열왕기상 18장 21절 / 현대인의 성경

바알은 다산과 풍요를 상징하는 이방의 신입니다. 바알을 잘
섬기면 그가 농사를 잘 되게 하고 자식을 많이 낳아 풍요로운 삶
을 줄 것이라고 기대하는 것입니다. 이런 바알의 모습은 오랜 시
간이 지난 요즘에도 심심치 않게 볼 수 있습니다. 해돋이를 보며
소원을 빌거나 점을 보고 부적을 만드는 일, 타로나 운세 등을 보
며 자신의 앞날을 알아보려고 하는 일 등 우리가 인식하지 못하
는 사이에 다양한 모습으로 우리 삶에 밀착되어 있습니다. 심지
어는 교회에서도 이런 미신적인 행동을 합니다. 기도회 혹은 집
회라는 이름으로 날짜를 정하고 방식을 정합니다. 미신적 행위
를 채우고 열심을 다하면 하나님께서 소원하는 어떤 것을 들어주

신다는 것입니다. 물론 순수하게 예배하고 기도하는 것을 문제시 하는 것은 아닙니다. 다만 장소가 교회이고 대상이 하나님으로 바뀌었을 뿐 그들이 원하는 것은 바뀌지 않고 오직 복 받는 것에만 관심을 두고 행하는 것을 말하는 것입니다. 신(神)을 열심히 섬기고 감동하게 하면 그것에 반응하여 내가 원하는 무언가를 해줄 것이라고 하는 근본적인 바람은 같은 것이기 때문입니다. 마치 거래를 하듯 주고받는 관계에 있습니다. 하나님과 우리의 관계는 절대 상호 거래관계가 될 수 없습니다. 사랑은 거래의 대상이 아니기 때문입니다.

우리는 이러한 사실을 알면서도 끊임없이 갈등합니다. 어떤 것 하나 포기할 수 없어서 두 가지를 저울에 올려놓고 재고 또 잽니다. 하나님과 바알을 동시에 섬길 수 없다는 것을 알지만 그 사실조차도 모른 척 외면하며 아슬아슬한 동거를 하고 있습니다. 결국 생활하는 어느 곳에서도 성도로서 분명하게 말하고 행동하지 못하고 오직 교회에서 주일에만 열심히 봉사하고 땀 흘리는 '선데이 크리스천'으로 살아가는 것입니다. 이런 모습을 하나님께서 기뻐하실지 심각하게 고민해 보아야 할 것입니다.

죄를 버리는 것은 하나님을 중심에 두고 태도를 분명하게 하는 것입니다. 남들이 한다고 은근슬쩍 따라가는 것이 아닙니다. 경계를 명확하게 하고 나누어야 하는 것입니다. 누군가는 이런 모습을 보며 유난을 떤다고 말하겠지만 우리가 말씀을 바르게 따라가는 일이라면 유난을 떠는 것은 마땅히 해야 할 일인 것입니다.

야고보는 마귀를 대적하라고 말씀하고 있습니다. '대적하다'는 말은 '적과 맞서다'라는 의미로 대항하다는 말로 바꿀 수 있습니다. 마귀에게 대항하라는 의미로 본다면 좀 더 쉽게 이해할 수 있습니다.

> 근신하라 깨어라 너희 대적 마귀가 우는 사자 같이 두루 다니며
> 삼킬 자를 찾나니 _ 베드로전서 5장 8절

마귀는 스스로 능력을 가진 존재가 아닙니다. 마귀 역시 피조물이며 하나님의 통제 아래 있는 존재입니다. 욥기를 통하여 본다면 그가 스스로 능력을 발휘하여 우리의 신상에 직접적인 위협을 주지 못합니다. 상상하는 것처럼 밤에 튀어나와서 나를 해코지 하거나 신비한 능력을 발휘하여 위험에 처하도록 할 수도 없습니다. 이들은 단지 사람의 마음을 충동해서 죄에 빠지도록 하는 일을 합니다. 인류를 죄에 빠지게 했던 에덴동산의 뱀이 그렇습니다.

마귀는 우리의 약점을 잘 알고 있습니다. 어디를 자극하면 넘어지고 어떻게 건드리면 지쳐 쓰러지고 좌절하는지 알고 있습니다. 그래서 약한 부분을 충동하여 죄에 빠지게 하고 죄책감에 시달리게 하여 하나님 앞에 나아갈 수 없도록 합니다. 하나님과의 거리를 점점 멀게 만드는 것입니다. 죄가 또 다른 죄를 짓게 하고 마귀의 손아귀에서 벗어나지 못하여 종노릇을 할 수밖에 없도록 만들어 놓습니다. 그래서 끊임없이 하나님을 부인하고 하나님을 거부하게 하는 죄에 이르도록 유혹하는 것입니다.

마귀에게 대적하는 것은 물리적으로 싸움을 하라는 의미가 아닙니다. 마귀가 주는 충동과 생각에 대항하고 거절하라는 것입니다. 즉 하나님께로 돌아오라는 것이고 말씀에 복종하라는 것입니다. 하나님께 복종하는 것은 마귀가 주는 죄를 향한 유혹과 충동을 거절하고 죄책감을 통해 우리의 삶을 죄에 얽어매려는 것을 차단하는 것입니다. 죄에 대해 분명한 태도를 취하는 것입니다. 우물쭈물하지 말고 'Yes' 혹은 'No'에 대한 의사표현을 분명히 하는 것입니다. 관계를 생각하고 배려하며 지혜롭게 행동한다는 미명 아래 거부하지 못하고 슬쩍 넘어가는 태도를 멈춰야 합니다. 단호하게 말씀의 방향으로 하나님 편으로 방향을 돌려야 하는 것입니다.

애매한 태도를 버리고 하나님의 말씀이 우리 삶의 선명한 기준이 되도록 겸손하게 하나님을 향해 걸어가야 합니다. 그럴 때 하나님께서 우리의 삶을 기쁘게 받으시며 온전한 성도의 모습으로 살아가도록 하십니다. 눈앞에 보이는 것이 전부가 아닌 우리를 통하여 이루어 가실 하나님의 나라를 기대하며 끝까지 인내해야 합니다. 그것이 하나님께서 기뻐하시고 은혜주시는 성도의 삶인 것입니다.

하나님을 가까이하라

우리는 많은 순간 선택을 하거나 선택을 위해 고민하면서 시
간을 보냅니다. 아침에 눈을 뜨면서 시작하는 선택은 잠자리에
드는 그 순간까지 이어집니다. 아침을 먹을 것인가 좀 더 잘 것인
가를 생각하고 어떤 옷을 입을지 고민하고 선택합니다. 매일 반
복되거나 선택에 따른 결과의 폭이 적은 것은 비교적 쉽게 결정
할 수 있습니다. 그러나 다른 사람과 연관된 선택이거나 이익과
손해에 관련된 것 혹은 결과가 미치는 영향이 아주 큰 것이라면
쉽게 결정할 수 없는 상황에 이르게 됩니다. 난이도가 높은 선택
의 상황에서 고민하고 갈등하게 되는 것입니다.

신앙인에게도 동일합니다. 우리는 하나님이 원하시는 것과 내가 원하는 것 사이에서 고민합니다. 하나님의 방법과 세상적인 방법, 성령의 인도하심을 따르는 것과 내 생각을 따르는 것 등 살아가면서 날마다 경험하는 갈등입니다.

죄의 속성은 하나님에게서 멀어지게 하지만 말씀과 성령님의 인도하심은 죄에서 멀어지게 합니다. 그래서 죄인의 모습으로 살아 온 우리는 은혜로 구원 받은 성도가 되었지만 익숙하게 살아 온 삶의 현장에서는 늘 고민하고 갈등하는 것입니다. 이 땅에서 살면서 성화되는 과정에 겪게 되는 갈등인 것입니다.

우리는 갈등할 수 있습니다. 중요한 것은 갈등을 해결해가는 과정에서 조금씩 성장해 가야 한다는 것입니다. 어려운 시험문제를 만나면 틀릴 수 있습니다. 그러나 동일한 시험문제를 매번 틀린다면 그 학생은 분명 학생으로서 문제가 있는 것입니다. 세상을 살면서 만나는 문제도 마찬가지입니다. 갈등하고 고민하는 상황을 마주했을 때 하나님의 뜻과 다른 선택을 할 수 있습니다. 연약한 믿음으로 눈앞에 보이는 이익과 나의 방법을 선택할 수 있지만 언제까지나 동일한 선택을 한다면 그것은 문제가 있는 것입니다.

우리는 갈등의 상황에서 어떻게 성장할 수 있을까요? 하나님께서는 갈등의 상황에서 괴롭고 힘든 마음을 그대로 가지고 나오기를 원하십니다. 이미 연약하고 부족한 존재임을 알고 계시기 때문에 완전한 모습으로 나오는 것을 바라지 않으십니다. 있는 모습 그대로를 원하시지만 우리는 하나님께 완벽하게 나가려는 어리석고 교만한 마음을 가지고 있습니다. 완벽하고 더 잘해

보려는 노력이 나 중심의 신앙생활로 변질되기도 하고 때론 지치고 쓰러져 하나님과 단절된 삶을 살게 만들기도 합니다. 그렇기 때문에 연약한 나를 인식하고 있는 모습 그대로 하나님께 나가는 것이 바른 믿음인 것입니다.

───────

하나님을 가까이하라 그리하면 너희를 가까이하시리라 죄인들아 손을 깨끗이 하라 두 마음을 품은 자들아 마음을 성결하게 하라 _ 야고보서 4장 8절

야고보가 말하고 있는 죄인은 하나님을 모르는 사람이 아닙니다. 구원 받은 성도로서 하나님의 백성이지만 말씀에 불순종하여 세상을 따르고 세상을 사랑하며 살아가는 사람을 말합니다. 하나님의 뜻과 세상의 방법 사이에서 갈등하는 가운데 자신의 생각을 따라 갔다는 것입니다. 성도의 모습을 하고 있지만 내면의 변화는 없이 보이는 것을 위하여 위선과 가식으로 채워진 죄인의 모습으로 살아가는 사람을 말합니다.

'손을 깨끗이 하라', '마음을 성결하게 하라'는 말씀은 단순하게 겉으로 드러나는 행위를 말하는 것이 아닙니다. 종교적인 행위에 머물러 있는 것이 아니라는 것입니다. 우리의 마음을 돌이키고 그에 따른 실제적인 행동이 삶에서 나오는 것을 말합니다. 진심 어린 마음으로 나오기를 간절히 바라고 계시는 하나님의 마음인 것입니다. 완전하지는 않을 지라도 우리가 하나님께로 가까이 할 때 그 마음과 걸음을 기뻐하시며 우리를 가까이 하신다는 것입니다. 살아있는 아버지의 유산을 받아 떠났던 탕자 아들이 돌아올 때 뛰어 나가 그를 맞이하며 얼굴을 부비고 입 맞추며 손에 가락지를 끼워주셨던 아버지입니다. 언제나 아들을 향한 마음을 지우지 않고 기다리고 계시다는 것을 알아야 합니다. 그것이 바로 하나님 아버지의 마음이고 우리를 향한 기대입니다. 우리가 돌아오기를 오늘도 기다리고 계시다는 것을 알아야 합니다.

이러한 사실을 알면서도 하나님께로 한걸음을 내딛지 못하는 이유는 하나입니다. 세상에서 말하는 복을 포기하지 못하기 때문입니다. 내가 가진 것과 내가 가질 것 그리고 내가 원하는 것으로 향하는 발걸음을 멈출 수 없기 때문입니다.

이 세상은 하나님께서 창조하셨다는 사실을 우리는 알고 있고 또한 믿습니다. 우리의 삶과 죽음 그리고 화와 복까지도 주관하시는 분이 바로 하나님이십니다. 생명과 복을 다스리시는 하나님께서 우리와 함께 하신다는 것은 인간에게 있어서 가장 큰 복이며 상급인 것입니다. 세상에서 보이는 높은 지위와 많은 재산, 명예와 권력에 흔들리는 것이 아니라 그 모든 것을 좌지우지 하실 수 있는 하나님께 가까이 가야하는 것입니다.

복 있는 사람은 악인들의 꾀를 따르지 아니하며 죄인들의 길에 서지 아니하며 오만한 자들의 자리에 앉지 아니하고 오직 여호와의 율법을 즐거워하여 그의 율법을 주야로 묵상하는도다
_ 시편 1편 1~2절

이것이 진정한 복이라는 사실을 반드시 기억해야 합니다. 따라서 복 받는 것은 하나님을 가까이 하는 것이고 하나님의 말씀이 내 안에 온전히 세워지도록 하는 것입니다.

슬퍼하며 애통하며 울지어다 너희 웃음을 애통으로, 너희 즐거움을 근심으로 바꿀지어다 _ 야고보서 4장 9절

우리는 하나님을 가까이 하는 삶을 살아야 합니다. 하나님을 가까이 하는 것은 말씀을 가까이하는 것입니다. 말씀인 성경을 통해 우리에게 하나님 자신을 계시해서 보여주셨기 때문입니다. 따라서 말씀인 성경을 사랑하고 가까이 하는 것은 하나님을 사랑하는 것입니다. 또한 그분의 뜻을 알고 마음을 아는 것 역시 성경을 가까이하는 것입니다. 하나님의 마음을 알게 되기 때문에 깊고 친밀한 관계를 통하여 우리의 삶이 변화되는 것입니다. 갈등하는 과정이나 죄 가운데 거할지라도 하나님을 향해 한 걸음 내딛으며 진실한 마음을 쏟아 놓을 때 우리의 마음을 정결케 하시고 거룩하게 해주시는 것을 경험할 수 있습니다. 친밀감의 경험을 통하여 하나님이 누구신지를 아는 것이 유익한 것입니다.

힘든 생활로 인해 실패자 같고 너무나도 보잘 것 없어 보일지라도 하나님께 나아갈 수 있습니다. 진실한 마음으로 모든 것을 쏟아 놓으며 있는 모습 그대로를 고백할 수 있습니다. 설령 아픔과 미움으로 가득하여 폭우가 쏟아지듯 분노를 쏟을지라도 주님께 나아가야 합니다. '더 이상 이렇게 살고 싶지 않습니다,' '도와주세요' 라고 솔직하게 고백하며 현재의 자리를 벗어나고자 발버둥치는 소리까지도 들으십니다. 하나님을 하나님으로 인정하고 오직 그 분께만 집중하고 의지할 때 우리의 모든 것을 역전시키십니다. 슬픔을 위로하시고 아픔과 분노를 평안하게 하시며 치유하고 회복하게 하십니다. 어떻게 하지 못하는 마음에 해답을 주시고 다시 시작할 수 있는 용기를 북돋아 주십니다.

삶의 밑바닥을 경험한 사람은 다르다는 말을 합니다. 자신의 존재감과 자존감마저 내려놓을 수밖에 없는 가장 낮은 곳을 경험하고 다시 일어서면 세상을 대하는 태도가 달라집니다. 그동안 놓을 수 없었던 것에 대하여 좀 더 여유로운 마음을 가지고 진정으로 중요한 것이 무엇인지를 발견하기 때문입니다. 그동안 익숙하고 무가치하게 생각했던 것이 얼마나 소중하고 감사한 것인지 깨닫게 됩니다. 회복되고 새롭게 주어지는 모든 순간에 과거와는 다른 마음을 가지게 되는 것입니다. 또한 그것을 유지하고 지키기 위하여 최선을 다하게 되는 것입니다.

우리에게 있어서 철저한 회개는 나의 밑바닥을 보는 것과 같습니다. 하나님 앞에서 얼마나 낮은 존재이며 얼마나 악한 모습으로 살았는가를 스스로 고백하며 돌아보는 것입니다. 깨닫지 못했던 은혜를 깨닫게 되며 모든 순간이 새롭게 인식되는 것입니다. 그렇게 철저한 회개가 있을 때 회복을 통한 진정한 기쁨과 감사를 느끼게 되는 것입니다.

회개 없는 회복은 정확한 진료 없이 받아먹는 약과 같습니다. 병원은 환자의 상태를 확인하고 그에 따른 처방을 합니다. 눈에 보이는 환부만을 치료하는 것이 아니라 무엇이 문제인지를 찾아 진단하고 치료합니다. 그래야만 근본적인 치료와 완전한 회복이 되는 것입니다. 만약 이러한 방식이 아니라 보이는 것만 치료한다면 보기에는 치료된 것 같지만 계속해서 재발하게 될 것입니다. 그 뿐 아니라 반복되는 치료로 인해 내성이 생겨서 더 이상 손을 댈 수 없는 상태에 이르거나 아니면 더 크게 병을 키우는 꼴이 되는 것입니다. 그렇게 되면 치료가 더 어려워지고 그에 따르는 고통도 커지는 것입니다.

진정한 회개는 감사를 놓치지 않습니다. 하나님을 향한 초점이 흐려지지 않으며 뜨거운 마음이 식지 않습니다. 하나님께서 주시는 은혜에 당연한 것이 아닌 감사로 반응하고 간직하며 살아갑니다. 그리고 하나님의 말씀 안으로 한 걸음씩 나아가는 삶을 살아가는 것입니다.

———

주 앞에서 낮추라 그리하면 주께서 너희를 높이시리라
_ 야고보서 4장 10절

사탕 한 움큼을 가지고 가라는 가게 주인의 말에 아이가 쭈뼛쭈뼛 합니다. 그것을 본 가게 주인은 사탕 한 움큼을 쥐어서 아이에게 건네줍니다. 몇 걸음 가서 엄마는 아이에게 왜 좋아하는 사탕을 잡지 않았는지를 물어봅니다. 아이는 웃으면서 대답합니다. "내 손은 작은데 아저씨 손은 크잖아." 우스갯소리지만 아이의 생각이 놀랍기만 합니다.

아이는 자신의 손으로 집을 수 있는 한계를 알고 있는 것입니다. 자신 보다 큰 아저씨의 손은 더 많이 집을 수 있다는 것을 알기에 가만히 서서 기다리는 것입니다. 또한 기다리고 있으면 아저씨가 집어서 줄 것이라는 믿음과 확신도 있었던 것입니다.

우리가 하나님의 자녀로 살면서 아이와 같은 생각과 믿음을 보이지 못하는 경우가 많습니다. 무언가를 잘 하고 싶다면 아이처럼 가만히 기다릴 수 있어야 합니다. 내가 할 수 있다고 앞에 나서서 분주하게 움직이는 것보다 모든 것을 아시는 하나님께 맡기는 것, 그것보다 더 좋은 결과를 낼 수 있는 방법은 없습니다. 우리는 창조주 하나님을 믿고 아뢸 수 있습니다. 나는 아무것도 아니라는 것을 스스로 인정하고 하나님께 의지해야 합니다. 하나님 없이는 단 하루도 살 수 없는 존재임을 고백하고 온전하게 신뢰하는 것입니다. 그럴 때 하나님께서는 믿음으로 고백하고 한 걸음 나온 자를 가까이 하시고 높여주신다고 말씀합니다. 우리 아버지 하나님이시며 천지의 창조주께서 높여주신다는 입니다. 스스로 세워지는 것을 바라고 행동하는 것이 아니라 오직 하나님께 맡기는 것이 우리가 할 수 있는 최선의 방법인 것입니다. 따라서 우리는 삶의 모든 부분을 하나님께 맡기고 평안을 누리는 삶을 살아갈 수 있어야 합니다. 우리의 모든 것을 주관하시는 하나님 앞에서 자존심을 버리고 아무것도 없는 가난한 자의 모습으로 서있는 완전한 순종의 자리에 있어야 하는 것입니다. 그것이 말씀으로 살아가는 성도의 모습입니다.

재판장은 오직 한 분입니다

야고보서 4장 11-12절

11. 형제들아 서로 비방하지 말라 형제를 비방하는 자나 형제를 판단하는 자는 곧 율법을 비방하고 율법을 판단하는 것이라 네가 만일 율법을 판단하면 율법의 준행자가 아니요 재판관이로다
12. 입법자와 재판관은 오직 한 분이시니 능히 구원하기도 하시며 멸하기도 하시느니라 너는 누구이기에 이웃을 판단하느냐

교회에 충성된 일꾼으로 열심히 봉사하고 헌신하는 어떤 집사님에 대해서 듣게 되었습니다. 언제나 교회의 일이 가장 먼저이며 언제라도 교회에 사람이 필요한 상황이면 한 걸음에 달려오는 분입니다. 겨울이면 추위를 무릅쓰고 교회로 달려와 쌓인 눈을 모두 치우고 돌아가서 자신의 집을 치우는 분이셨습니다. 주말에도 늘 교회청소를 하고 오후에는 거리에서 전도지를 나누어주며 복음을 전했습니다. 뿐만 아니라 학생 수련회나 교회의 특별한 행사가 있으면 재정적인 후원도 아끼지 않으셨습니다. 어떤 누가 보아도 교회를 사랑하고 섬기며 봉사하는 아름다운 믿음의 모습

입니다.

　그런데 어느 날 약간의 문제가 생겼습니다. 집사님의 헌신된 행동을 곱지 않은 시선으로 보는 사람들이 시기하며 뒤에서 수군 거리고 따돌린다는 것을 알게 된 것입니다. 집사님은 너무나 억울해서 어떻게 할지 몰랐습니다. 교회의 누구에게도 하소연 할 수 없다는 생각을 하니 그 마음은 더욱 크게 무너졌습니다. 나를 알아주는 나의 편은 아무도 없다는 생각을 했습니다. 고민 끝에 현재는 교회를 떠나 다른 지역에서 신앙생활하는 성도에게 전화를 했습니다. 자신의 억울한 심정과 그동안 쌓였던 울분을 거침 없이 **토로했습니다**.

　이야기를 들으면서 많이 안타까웠습니다. 서로를 사랑하고 말씀으로 하나 되어야 하는 교회 공동체에서 이러한 일이 있었다는 것에 마음이 아팠습니다. 누군가를 세우고 잘 하도록 도와주고 격려하는 모습이 아니라 시기하고 끌어 내리려고 하는 세상의 논리를 가지고 있다는 것이 교회를 얼마나 어렵게 하는지 분명하게 보았습니다.

　그리고 더 안타까운 것은 집사님의 모습이었습니다. 집사님이 열심히 봉사하고 충성하며 사랑을 실천하지만 그것은 무엇을 위한 것이었는가 하는 생각을 했습니다. 그분이 말하는 내용을 곰곰이 듣다보니 모든 기준이 자신에게 있다는 것을 알게 되었습니다. 교회에서 하나님의 일을 했다고 하지만 결국 자신의 일을 한 것입니다. 자신의 일을 했기에 알아주지 않고 오해하는 이들을 향해 울분이 쌓였던 것입니다. 하나님의 일을 하는 사람은 아무도 알아주지 않더라도 묵묵하게 그 길을 가는 것입니다. 상주시는 이는 오직 하나님이시기 때문입니다. 그래도 집사님의 헌신이 너무 귀하기에 안타까운 마음이 컸습니다. 집사님을 직접 만나게 되어 함께 기도하며 위로와 권면의 말씀을 드렸습니다. 많은 위로를 받았다고 말씀하셨지만 오랫동안 쌓여 있는 그분의 생각이 얼마나 달라졌는지는 알 수 없습니다.

우리는 집사님과 같은 모습을 쉽게 봅니다. 열심을 다하고 충성하지만 근본적인 이유는 자신에게 있는 모습입니다. 하나님께서 주신 것이라는 청지기적인 사고를 가지고 바라보아야 하지만 내 생각과 내 감정으로 마치 나의 것처럼 행하는 것이 습관화되어 있습니다. 우리의 시선을 나에게서 하나님께로 옮기는 훈련이 필요합니다.

누군가를 비방한다는 것은 스스로 교만하다는 것을 증명하는 것입니다. 하나님이 주신 기준을 하나님의 관점으로 살피고 판단하며 분별하지 못한다면 하나님의 말씀을 삶에 진리로 여기지 않는 것입니다. 길이요 진리요 생명이신 그 말씀을 왜곡하고 변질시켜서 내가 듣고 싶은 것만 듣고 내가 원하는 것만 인정하는 말도 안 되는 일을 만들어 버리기 때문입니다.

형제들아 서로 비방하지 말라 형제를 비방하는 자나 형제를 판단하는 자는 곧 율법을 비방하고 율법을 판단하는 것이라 네가 만일 율법을 판단하면 율법의 준행자가 아니요 재판관 이로다 _ 야고보서 4장 11절

'비방(誹謗)'이란 말은 헬라어로 '카타랄레오'라고 하여 '대항하여 말하다'라는 뜻을 가지고 있습니다. 이는 사람을 해하려고 잘못된 것을 들추어내어 말하는 것을 의미합니다. 해하려고 한다는 의미는 혼자서 하는 것이 아니라 상대방 혹은 대상자가 있어야 하는 것입니다.

야고보는 형제들아 서로 비방하지 말라고 하고 있습니다. 형제는 혈육의 관계를 말하는 것은 아닙니다. 한 뱃속에서 나온 것이 아닌 그리스도 안에서 하나가 된 형제를 말하고 있습니다. 예배 공동체에서 함께 예배하며 예수를 그리스도로 고백하는 성도이며 지체입니다. 직집직인 혈육의 정을 나누는 것은 아니지만 모두가 하나님을 아버지라고 고백하는 하나님의 자녀인 것입니다. 오늘날 교회에서 형제와 자매라고 말하는 그 형제의 개념입니다.

형제를 비방한다는 것은 우리가 하나님의 자녀라는 사실을 인정하지 않는 것입니다. 자녀는 부모님의 가르침을 받고 따르는 것이 마땅합니다. 그러나 해하려고 잘못을 들추어내는 태도는 한 부모에게서 난 형제로서 할 수 있는 일이 아닐 것입니다.

창세기 9장에는 포도주에 취한 노아의 모습을 보고 행동했던 아들들의 모습이 있습니다. 포도주에 취한 아버지를 보고 함은 나가서 형제들에게 알렸지만 셈과 야벳은 아버지의 치부를 덮으며 보지 않았다고 말씀하고 있습니다. 이후 깨어난 노아는 함에게 저주를 받아 형제들의 종이 되기를 원한다고 했습니다. 아무리 그래도 어떻게 자녀에게 저주를 할 수 있는가 하는 생각이 들지만 다르게 생각한다면 함의 행동은 아버지로부터 저주의 말을 들을 만큼 잘못된 일이었다는 것을 생각해 볼 수 있습니다.

형제를 비방하고 판단하는 것은 율법에 대해 판단하는 것입니다. 하나님께서는 우리에게 하나님을 사랑하고 네 이웃을 네 몸과 같이 사랑하라고 말씀하셨습니다. 그것이 율법의 핵심이라고 가르쳐주셨습니다. 모든 법은 가장 근본이 되는 법의 정신이 있습니다. 그것이 가장 상위법이 되고 그 아래에 세부적인 법이 있게 되는 것입니다. 성경에서는 가장 상위법이 하나님을 사랑하고 이웃을 사랑하는 것입니다. 형제를 비방했다는 것은 율법에서 말씀하고 있는 사랑을 거부하는 행동입니다. 형제라는 단어 자체를 무색하게 만들고 하나님께서 우리를 하나 되게 하신 것을 깨는 동시에 사랑을 저버리는 것입니다. 따라서 형제를 비방하고 판단하는 것은 율법을 비방하고 판단하는 것이 됩니다. 우리는 율법을 지키는 자가 아니라 율법의 판단자가 되는 형국이 되어버리는 것입니다. 결국 율법의 재판장 되시는 하나님의 자리에 자신이 앉는 것과 같은 것입니다. 하나님께서는 우리가 율법을 지키는 자로 있기를 원하시지 율법을 판단하는 재판관으로 있기를 원하지 않습니다.

원수를 갚지 말며 동포를 원망하지 말며 네 이웃 사랑하기를 네 자신과 같이 사랑하라 나는 여호와이니라 _ 레위기 19장 18절

비록 원수일지라도 그에게 원수를 갚지 말라고 말씀하십니다. 우리에게 주어진 것은 판단자로서 원수를 갚는 존재가 아니라 하나님의 뜻에 따라 사랑하는 것이기 때문입니다. 원수를 갚고 죄에 따른 형벌을 내리시는 것은 오직 하나님의 일이라는 것을 분

명하게 말씀하고 있습니다. 따라서 우리는 비방을 멈추고 오직 하나님의 말씀에 따라 형제를 이해하고 사랑해야 합니다. 그리고 스스로 돌아보며 신앙을 점검하는 시간을 가져야 합니다.

다른 사람을 이해하고 사랑하는 것 그리고 용납하는 것은 그렇게 쉬운 일은 아닙니다. 그러나 우리는 그리스도의 사랑을 받은 사람이기에 용납할 수 있습니다. 그리스도께서는 나를 이해해 주시고 사랑하시며 용납해 주셨습니다. 죄인이며 불완전하고 실수투성이에 어리석은 나의 모습을 말입니다. 우리가 그 사랑을 믿는다면 나 또한 예수님을 따라 용납할 수 있어야 합니다. 우리에게 보여주신 사랑으로 이해관계가 맞지 않고 나의 생각과 다르더라도 이해하고 용납하며 끌어 안아줄 수 있는 사람들이 바로 성도이며 바로 교회공동체인 것입니다. 십자가를 통하여 그 사랑을 경험했기에 가능한 것입니다.

입법자와 재판관은 오직 한 분이시니 능히 구원하기도 하시며 멸하기도 하시느니라 너는 누구이기에 이웃을 판단하느냐
_ 야고보서 4장 12절

앞에서 이야기했던 집사님께 이런 말씀을 드렸습니다. 집사님의 순수한 마음과 하나님을 향한 열심에 대한 평가는 목사가 하는 것도 아니고 어느 성도가 해주는 것이 아닙니다. 누군가가 나의 헌신적인 모습을 알아주면 좋겠지만 그렇지 않을 수도 있습니다. 그래도 변하지 말고 계속 해야 하는 것은 하나님의 일이기 때

문입니다. 집사님이 했던 모든 일과 그 마음은 하나님께서 알고 계십니다. 우리는 평가를 받을 뿐 평가할 수 없으며 우리를 평가할 수 있는 분은 오직 하나님 한 분입니다. 그래서 우리가 의식해야 할 것은 사람들의 시선이 아니라 하나님인 것입니다. 그러니 지금까지 해 오신 것처럼 끝까지 그 마음을 잃지 지키셨으면 좋겠습니다.

집사님께 이야기 했던 것은 어쩌면 나와 우리 모두에게 해당되는 내용일 수 있습니다.

이제 내가 사람들에게 좋게 하랴 하나님께 좋게 하랴 사람들에게 기쁨을 구하랴 내가 지금까지 사람들의 기쁨을 구하였다면 그리스도의 종이 아니니라 _ 갈라디아서 1장 10절

우리는 누구에게 인정받으려고 하는 것입니까? 누구를 두려워하는 것입니까? 사도바울이 이야기 한 갈라디아서 말씀이 우리가 살아가는 삶을 분별하는 기준이 되어야 합니다. 무엇을 행하고 결정할 때마다 생각하며 과연 누구를 위한 것인지 생각하며 행동해야겠습니다. 그리고 판단은 오롯이 하나님께 맡겨드려야 하는 것입니다.

율법을 만드신 분은 하나님이시고 그것을 판단하시는 분도 오직 하나님 한 분입니다. 그런데 판단하고 비방한다는 것은 우리가 하나님의 자리를 넘보는 것입니다. 재판에 회부된 죄수가 판사를 앞에 두고 자기 마음대로 판단하고 선고하는 것과 같습니

다. 우리는 판단 받을 사람인데 재판관인 하나님 앞에서 마음대로 다른 사람을 판단하는 것은 교만이자 재판관이신 하나님을 인정하지 않는 무서운 죄인 것입니다. 따라서 형제를 비방한다는 것은 율법을 비방하는 것이고 동시에 율법을 주시고 율법으로 판단하시는 하나님을 무시하고 불순종하는 큰 죄라는 것입니다.

야고보는 형제 비방에 이웃을 하나 더 붙였습니다. 형제의 의미와 이웃의 의미는 큰 틀에서 봤을 때 같은 개념입니다.

> 어떤 율법교사가 일어나 예수를 시험하여 이르되 선생님 내가 무엇을 하여야 영생을 얻으리이까 예수께서 이르시되 율법에 무엇이라 기록되었으며 네가 어떻게 읽느냐 대답하여 이르되 네 마음을 다하며 목숨을 다하며 힘을 다하며 뜻을 다하여 주 너의 하나님을 사랑하고 또한 네 이웃을 네 자신 같이 사랑하라 하였나이다 _ 누가복음 10장 25~27절

선한 사마리아인에 대하여 말씀하시며 강도당한 사람에게 진정한 이웃은 누구인지 물으십니다. 성경에서는 이웃을 필요할 때 돕고 함께하는 사람으로 이야기하고 있습니다. 이웃은 내 몸과 같이 사랑하며 섬겨야 할 대상이지 가르치고 판단해야 할 대상이 아니라는 것입니다.

'너는 누구이기에 이웃을 판단하느냐'
너는 하나님이 아니라는 것입니다. 너는 판단할 존재가 아니고 판단 받아야할 사람이라는 것입니다. 너는 하나님의 자녀이며

네가 판단하는 그 사람 또한 하나님의 자녀이며 이웃이자 형제라는 것입니다. 너는 율법을 지키는 존재이지 판단하고 정죄하는 존재가 아니라는 것입니다. 판단하는 분은 오직 하나님 한 분이라는 것을 분명히 기억하라는 것입니다.

> 비판하지 말라 그리하면 너희가 비판을 받지 않을 것이요 정죄하지 말라 그리하면 너희가 정죄를 받지 않을 것이요 용서하라 그리하면 너희가 용서를 받을 것이요 _ 누가복음 6장 37절

우리는 나도 모르게 남을 판단하고 비방합니다. 내가 비판하면 그 비판의 칼날은 나를 향해 돌아오게 됩니다. 그러나 그를 긍휼한 마음으로 대하면 나 또한 긍휼히 여김 받습니다. 내가 용납하지 못하면 나 또한 용납 받지 못합니다. 비록 사람에게는 받지 못하더라도 하나님께서 주시는 사랑과 긍휼은 받을 수 있습니다.

나는 율법을 만드는 입법자도 아니고 재판관도 아니라는 사실을 알아야 합니다. 늘 하나님의 시선을 의식하며 살아가며 서로가 사랑하며 섬겨야 하는 존재라는 것을 깨닫고 늘 기억해야 합니다.

치명적인 실수

야고보서 4장 13-17절

13. 들으라 너희 중에 말하기를 오늘이나 내일이나 우리가 어떤 도시에 가서 거기서 일 년을 머물며 장사하여 이익을 보리라 하는 자들아
14. 내일 일을 너희가 알지 못하는도다 너희 생명이 무엇이냐 너희는 잠깐 보이다가 없어지는 안개니라
15. 너희가 도리어 말하기를 주의 뜻이면 우리가 살기도 하고 이것이나 저것을 하리라 할 것이거늘
16. 이제도 너희가 허탄한 자랑을 하니 그러한 자랑은 다 악한 것이라
17. 그러므로 사람이 선을 행할 줄 알고도 행하지 아니하면 죄니라

영화 국제시장을 보면 경제적으로 어려웠던 시절 우리나라의 모습을 잘 그려내고 있습니다. 어린 시절에 어른들로부터 들었던 이야기가 영화의 내용과 크게 다르지 않았습니다. 사실 가족 중 한국전쟁 때 황해도에서 내려와서 부산의 국제시장에서 장사하신 분이 계십니다. 모두가 힘들었던 시절에 살아온 이야기를 많이 들려 주셨기에 영화 속의 장면이 낯익게 느껴졌습니다. 한국전쟁이 일어나고 부산을 제외한 모든 곳이 중공군과 북한군에

의해 점령되었을 때 먹고 살기 위해서는 부산으로 가야만 했습니다. 부산에 온 피난민들은 국제시장에서 박스를 깔고 장사를 하며 살았다고 합니다. 누구 할 것 없이 모두가 힘겹게 살아갔습니다. 부산이 큰 도시가 된 이유가 큰 항구가 있었기 때문이기도 했지만 그 당시 임시수도의 역할을 했기 때문이기도 합니다. 사람이 모이고 일할 것이 있으니 또 다른 사람들이 모여들었습니다. 전쟁을 피해 살 수 있기 때문입니다.

전쟁 후 나라가 회복되고 점차 복구되어 안정되고 있을 때 출세를 생각하는 사람들은 이제 서울로 향했습니다. 나라의 수도이고 경제와 산업이 가장 발달하고 있는 곳이기 때문에 서울로 향했던 것입니다. 부산으로 모였던 것과 마찬가지로 서울에는 사람이 있고 일이 있기 때문입니다. 특히 자녀 교육에 대한 관심이 있는 사람이라면 미래에 대한 준비를 위해 반드시 가야 하는 곳이라고 생각했습니다. 도심으로 사람이 몰리는 것은 우리나라만 그런 것은 아닙니다. 어느 곳이든 사람이 모인 곳이라면 비슷한 현상이 일어날 것입니다.

━━━━━

들으라 너희 중에 말하기를 오늘이나 내일이나 우리가 어떤 도시에 가서 거기서 일 년을 머물며 장사하여 이익을 보리라 하는 자들아 _ 야고보서 4장 13절

도시에 가서 장사하여 이익을 보리라고 말하는 것이 현재가 아니라 초대교회라는 사실에 무언가 친근한 마음이 느껴집니다.

야고보가 말하고 있는 대상은 세상에 있는 불특정 다수가 아니라 예수를 그리스도로 고백하는 성도들입니다. 교회에 출석하는 공동체라고 생각하면 될 것입니다. 하나님을 믿으면서도 삶에서는 마치 하나님이 계시지 않은 것처럼 살았던 사람들이 현재의 교회뿐만 아니라 초대교회에도 있었다는 것입니다. 일상의 삶을 들여다보면 그들의 생활 모습이 예수님을 믿지 않는 사람들과 똑같습니다. 예수님을 믿고 구원 받은 성도의 삶을 사는 것이 아니라 기독교라는 종교를 가진 사람으로 단지 교회의 일원으로 살고 있는 것입니다. 중세시대에 면죄부를 통하여 구원 받으려 했던 무지한 사람들처럼 자신의 생각과 방법을 가지고 교회와 세상에 한 발씩 걸치고 있는 양다리 신앙인의 모습이 초대교회에도 있었습니다. 그들을 향해 야고보는 말하고 있습니다. 너희의 삶이 보험을 들어 놓은 것처럼 든든한 것으로 여기며 안전하다고 생각한다면 큰 오산이고 착각이라는 것입니다. 하나님께서 우리가 살아가는 일상의 삶에 존재하지 않는 것처럼 살아간다면 인생에 있어서 치명적인 실수를 하고 있는 것이라고 경고하고 있습니다.

이것은 비단 초대교회만 해당하는 것은 아닐 것입니다. 오늘을 살고 있는 우리 모두에게 말하는 것입니다. 우리 삶의 걸음걸음마다 호흡하는 순간마다 하나님만을 의지하고 살아가는지 생각해야 합니다. 나의 걸음이 하나님과 동행하고 있는 것인지 아니면 모양만 그리스도인으로 살고 있는지 점검하고 돌이켜야 할 것입니다. 우리의 모든 방향성은 예수님의 뜻을 따르며 그 품을 향해 있어야 하는 것입니다.

'누워서 떡 먹기'라는 속담은 힘들이지 않고 할 수 있는 쉬운
일을 말합니다. 그런데 쉽게 보이던 일이 엄청나게 꼬여서 힘들
게 만드는 경우가 있고, 어떤 때는 너무 힘들 것 같은 일이 아주
쉽게 풀어지는 경우도 있습니다. 내일은 누구를 만나서 무엇을
하겠다고 계획 하지만 당일이 되면 생각하지도 못한 일이 발생하
여 계획이 바뀌기도 합니다. 매년 새해가 되면 새로운 계획을 세
우고 굳게 결심하지만 얼마 지나지 않아 결심은 흐지부지되고 계
획도 사라져버립니다. 이처럼 우리는 계획하고 다짐하며 실천하
려고 애쓰지만 생각한대로 되지 않는 경우가 많이 발생합니다.
우리가 하는 일이 생각한 것과 다르게 진행되더라도 결과가 나쁘
지 않다면 그나마 다행한 일입니다. 만일 생각하지도 않은 사고
를 만나서 생명이 위험한 경우가 생기거나 사랑하는 누군가를 잃
어버리게 된다면 이것은 큰 충격이 될 것입니다.

사람들이 일반적으로 갖는 비슷한 성향은 누군가의 슬픔이나
아픔을 보면서 그것은 나와는 관계없는 일이라고 생각하는 것입
니다. 그래서 암에 걸린 사람을 보며 위로하고 격려 하지만 나는
언제나 건강할 것이라고 생각하는 것입니다. 뉴스를 통해 사고
소식을 듣고는 안타깝고 불쌍한 사람이라고 생각하지만 나도 그

럴 수 있다는 것은 생각하지 않습니다. 그러면서 마치 나는 사고를 당하지도 않고 죽음을 보지도 않을 것처럼 생각하고 행동합니다. 하나님께서 우리를 바라보신다면 나의 존재감은 먼지와 같이 보잘 것 없는 것입니다. 그럼에도 불구하고 내가 무언가 되는 것처럼 살고 있으니 얼마나 어리석은 모습입니까!

안개가 뿌옇게 내려앉은 아침은 한 치 앞을 내다보기도 어렵습니다. 그러나 해가 떠오르고 밝아질수록 안개는 걷히고 마침내 안개가 있었는가 싶은 시간이 옵니다. 우리의 삶도 그렇다는 것입니다. 대단한 것 같지만 별것 아닌 것 이것이 바로 인생이며 우리가 붙잡으려고 애쓰는 것의 실체라는 것입니다.

이러한 인생을 생각하지 않고 이해하지 못하고 있기에 늘 내 생각이 중요하다고 말하는 것을 선택하는 것입니다. 세상에서 살고 있는 지금이 전부인 것처럼 분주하게 살면서 하루의 계획, 한 달의 계획, 일 년의 계획을 세우고 있는 것입니다. 그 계획 가운데는 마땅히 하나님이 계셔야 하지만 그것을 간과하는 치명적인 실수를 범하는 되는 것입니다.

열심히 살고 성실하게 살아가는 것은 좋은 것입니다. 마땅히 그렇게 해야 합니다. 그러나 그 방향성을 찾지 못한다면 열심히 하는 모든 것이 헛된 일이 되는 것입니다. 삶의 중심에 하나님이 빠져 있다는 것이 잘못된 것이라는 것을 말하는 것입니다.

우리의 삶이 이토록 잠시라는 것을 이해하고 이 또한 생각하고 계획한대로 이루어지지 않는다는 것을 안다면 태도는 달라 질 것입니다. 참되고 변하지 않으시는 하나님을 찾고 의지하며 그분의 도우심과 보호하심, 인도하심과 채우심을 구할 수밖에 없는 것입니다. 내 힘이 아닌 하나님의 능력으로 살아가는 것입니다.

우리는 하나님을 성경책에만 있는 분으로 생각할 때가 있습니다. 어쩌면 성경대로 살아야 한다고 말하고 다짐하지만 그것을 벗어나지 못하는 이유도 여기에 있을 것입니다.

성경에서 어학을 공부하거나 직장을 어떻게 찾는지 직접적으로 이야기하고 있지 않습니다. 성경이 기록된 시기와 지금은 생활, 문화, 경제 등 거의 모든 부분이 다르기 때문에 현재와 다른 이야기를 한다고 생각하기도 합니다. 그래서 나의 생활과 성경을 분리해서 생각합니다. 예배를 드리지만 삶의 방식은 변하지 않습니다. 그러나 우리가 성경에 대해 조금만 더 생각한다면 이런 이분법적인 생각이 바뀌게 될 것입니다.

천지를 창조하신 하나님을 믿습니다. 그렇다면 피조물인 우리가 세상에서 그 무엇을 하든지 창조주이신 하나님을 능가하는 것을 할 수 있을까하는 생각을 해보면 쉽게 답을 얻을 것입니다. 세상을 창조하신 분의 능력을 우리는 결코 능가할 수 없고 따라갈 수도 없습니다. 다만 우리에게 주신 하나님의 성품을 따라서 만들고 개발하는 일에 사용할 뿐입니다. 이러한 것을 이해한다면 현재의 삶에서 그 어떤 일을 만나더라도 모두가 하나님의 능력 아래 있다는 것을 알고 인정하고 의지할 수 있게 되는 것입니다. 내가 알 수 없는 영역을 하나님께서는 이미 알고 계시기 때문입니다. 그 영역이 언어, 지식의 영역이든 과학, 기술의 영역이든 상관 할 것이 없이 모두 다라는 것을 알아야 합니다. 그렇기 때문에 우리는 모든 영역에서 하나님을 의지할 수밖에 없습니다.

하지만 우리 삶의 계획에서 하나님은 빠져 있습니다. 우리가 뜻하고 계획하고 행하며 살아가는 모든 것에 하나님의 뜻과는 무관한 것들로 치장되고 세워지고 있다는 결론에 이르게 됩니다. 이렇게 삶의 방향을 잃어버린 방식으로 일관하는 삶의 마지막은 돌이킬 수 없는 후회를 남기는 치명적인 실수인 것입니다.

내 인생은 나의 것이라고 말하는 것은 어느 정도는 맞지만 완전하게 맞는 것은 아닙니다. 렌트한 자동차를 타는 사람에게 자신이 운전하고 가는 동안은 자신의 자동차이지만 실소유자를 따진다면 그것은 자신의 것이 아닙니다. 계약에 의하여 사용하고 있기 때문에 나의 것처럼 사용하고 있을 뿐입니다. 나는 사용자일 뿐 소유자는 아닌 것입니다. 우리의 인생도 이와 같습니다. 우리를 만드신 하나님께서 생명을 허락해주시고 삶을 살게 하셨기에 살아가는 것입니다. 지금은 나의 인생이라고 말할 수 있겠지만 엄격하게 말한다면 허락에 의하여 내가 사용하는 것이며 그 주인은 하나님인 것입니다. 내 인생은 나의 것이 아니라 하나님의 것이라고 말해야 합니다. 따라서 우리의 모든 것은 하나님을 중심으로 생각해야 하는 것은 당연한 것이 되는 것입니다.

나의 수고와 노력으로 살아가는 것이 아니라 하나님께 의지하고 맡겨서 우리에게 주시는 은혜를 경험하는 삶, 겸손하게 내어 맡기는 삶이 되어야겠습니다.

너희가 도리어 말하기를 주의 뜻이면 우리가 살기도 하고 이

*것이나 저것을 하리라 할 것이거늘 이제도 너희가 허탄한 자
랑을 하니 그러한 자랑은 다 악한 것이라 그러므로 사람이 선
을 행할 줄 알고도 행하지 아니하면 죄니라*
_ 야고보서 4장 15~17절

우리는 내일 어떻게 될지 알지 못합니다. 이런 사실을 인지하
고 있는 사람들은 여러 가지의 반응을 보입니다. 요즘 사회적인
트랜드처럼 인식되고 있는 '욜로'(YOLO, You Only Live Once)
의 문화도 내일을 알지 못하기에 나타나는 하나의 현상입니다.
인생은 한번 뿐이기 때문에 하고 싶은 것을 하고 먹고 싶은 것을
먹고 즐기며 살자는 것입니다. 미래를 위해 저축하거나 준비하기
보다는 현재를 즐기자는 것입니다. 어떤 사람들은 미래가 불확실
하고 언제 어떻게 될지 모르니 모든 일을 대충하자고 합니다. 열
심히 일할 이유가 없고 무언가 준비하는 것을 무의하게 여기며
모든 것을 허무한 것으로 여기는 사람입니다. 현재의 즐거움과
쾌락을 추구하는 사람이나 허무감에 빠져 있는 사람이나 모두가
삶의 진정한 이유에 대해 알지 못하는 사람입니다. 세상을 살아
가는 이유와 방향성을 잃고 있는 사람인 것입니다.

우리 삶은 하나님의 뜻에 따라 움직이며 하나님의 계획 가운
데 있어야 합니다. 세상의 모든 것에 절대적인 주권을 가진 분이
하나님이라는 것을 기억하고 그 앞에 겸손해야 합니다. 세상에서
는 최선을 다하여 열정적으로 살아가야 합니다. 하나님 앞에서는
철저하게 수동적인 태도로 있어야 합니다. 그러나 세상에 나아가
서는 성경에서 배운 것을 바탕으로 하여 능동적 태도로 살아가야

합니다. 능동적으로 자진하여 그리스도의 사랑을 보여주고 실천하는 삶을 살아야하는 것입니다. 영원히 살 것처럼 일하고 내일 죽을 것처럼 살아가는 모습이 우리 삶의 태도로 나타나야 하는 것입니다.

우리 삶의 방향이 오직 하나님을 향하여 있을 때 내가 내세울 것은 없습니다. 나의 기술과 능력으로 무엇인가를 이루었다고 해도 그 능력의 근원은 하나님께로부터 나온 것이기 때문입니다. 내가 한 것 같지만 나를 통하여 하나님께서 하신 것입니다. 물론 나의 몸을 움직여서 일을 행했지만 할 수 있는 재능과 시간, 건강 등 모든 것이 하나님께서 허락하지 않으면 불가능한 것입니다. 따라서 내가 내세우고 자랑할 것은 없는 것입니다.

우리는 하나님께서 허락하신 모든 것을 누릴 수 있어야 합니다. 재산이 많아지고 풍성한 삶을 사는 것을 나쁘다고 생각하는 사람도 있습니다. 부유한 것은 악한 것이 아닙니다. 정직하게 말씀대로 살고 부지런하고 최선을 다한 결과 부유한 생활을 하는 것은 얼마든지 좋은 일입니다. 그러나 부유한 것이 목표가 되어 그것을 이루기위해 온갖 방법을 사용한다면 그것은 옳지 않은 것입니다.

하나님의 마음으로 이 땅을 사는 사람들과 나누고 협력해야 합니다. 그러기 위해서는 많은 재물과 재능이 필요합니다. 돈을 버는 목적도 하나님의 뜻 안에 있어야 합니다. 꼭 필요한 곳으로 흘러가서 사용되어야 합니다. 그리스도의 복음이 전파되는 도구가 되어야 하고 돕는 역할을 해야 합니다. 하나님의 사랑을 전달하는 수단이 되어야 하는 것입니다. 이익을 추구하는 그것 자체가 목적이 된다면 우리의 믿음을 다시한번 점검해 보아야 할 것입니다. 그리고 하나님의 마음과 시선이 머무는 곳에 우리의 마음과 시선도 머물고 생명을 향해 물질이 사용되어야 합니다. 우리에게 주시는 이유입니다. 하나님의 것을 올바르게 사용하여 성도로서 올바른 모습을 회복해야 합니다.

내가 살아가는 이 시간이 잠시 주어진 것임을 깨달으며 하나님을 내 생각 밖으로 밀어내는 어리석고도 치명적인 실수를 저지르지 않도록 늘 깨어 있어야겠습니다.

PART 5

입증책임

5

BURDEN OF PROOF

물질에 관한 우리의 태도

   현대 사회를 움직이는 가장 큰 힘은 무엇일까요? 사람마다 다
르게 이야기 하겠지만 많은 사람들은 돈이라고 답할 것입니다.
우리가 사는 세상은 자본의 논리가 적용되고 있습니다. 정치, 경
제, 사회, 문화 등 다양한 분야에서 직접적이든지 간접적이든지
자본의 영향을 받고 있습니다. 돈은 사회를 움직이는 힘을 가지
고 있으며 사람 관계를 변화시킵니다. 돈에 대한 욕심으로 가정

이 파괴되거나 분쟁이 일어나고 법정다툼을 야기하기도 합니다.

그렇다면 돈은 악한 것인가요? 돈을 많이 가지고 있는 사람은 악한 사람인가요? 이 질문들에 대답하기 전에 우리는 돈이 필요 없는 사람인가를 먼저 생각해 보아야겠습니다. 돈은 우리가 현대 사회를 살아가는데 있어 반드시 필요한 것입니다. 복잡하고 다양한 세상은 사람들의 편의를 위하여 첨단 기술로 많은 시설을 만들어 놓았습니다. 눈을 떠서 움직이고 먹고 마시며 행동하는데 있어서 돈이 들어가지 않는 곳은 없습니다. 교회도 예배를 위해 만들어신 공간과 그 시설을 이용하고 유지하기 위해서는 돈이 필요합니다. 또한 선교와 구제, 사랑이 나눔을 위해서도 돈은 필요합니다.

복지재단에서 오랜 시간 전국을 다니고 해외를 오가며 복지에 관한 일을 했습니다. 어려움에 처해있는 사람들에게 정말로 필요한 것이 무엇이며 복지의 방향이 어떻게 되어야 하는지 고민하며 교회의 역할은 어떻게 변해야 하는지를 생각했습니다. 좋은 일을 하는 곳에도 돈은 있어야 했습니다. 그렇다면 돈은 악한 것도 선한 것도 아닙니다. 우리가 어떻게 사용하는가에 따라서 그 가치가 달라지는 것입니다. 우리는 필요한 돈을 모아야 하는 동시에 잘 다스려야 합니다. 하나님의 주권 안에서 주신대로 선용해야 하는 것입니다.

돈을 사랑함이 일만 악의 뿌리가 되나니 이것을 탐내는 자들은 미혹을 받아 믿음에서 떠나 많은 근심으로써 자기를 찔렀도다
_ 디모데전서 6장 10절

돈이 악한 것이 아니라 돈을 사랑하는 것이 악의 뿌리가 되는 것입니다. 돈을 사랑한다는 것은 단순하게 돈을 벌기위해 힘쓰고 노력한다는 의미가 아닙니다. 돈은 우리가 사는데 있어서 반드시 필요하지만 전부가 되어서는 안됩니다. 삶의 목적이 돈이 되는 것은 하나님이 계셔야 하는 자리를 돈이 채우고 있는 것과 같습니다. 말씀에 따르는 삶이 되어야 하지만 돈에 이끌려 다니는 모습이 되는 것입니다. 돈에 마음을 빼앗기고 돈에 내 주권이 종속되는 죄의 종된 삶입니다. 그래서 돈을 사랑하는 것을 악이라고 말하고 있는 것입니다. 우리가 돈을 다스리는 것이 아니라 돈이 우리를 다스리는 삶이 됩니다. 마치 술을 마시다가 어느 순간부터 술이 나를 삼켜버리는 것처럼 말입니다. 우리는 돈이 전부가 아닌 어떻게 다루고 사용해야 하는지를 알아야 합니다.

들으라 부한 자들아 너희에게 임할 고생으로 말미암아 울고 통곡하라 너희 재물은 썩었고 너희 옷은 좀먹었으며 너희 금과 은은 녹이 슬었으니 이 녹이 너희에게 증거가 되며 불 같이 너희 살을 먹으리라 너희가 말세에 재물을 쌓았도다
_ 야고보서 5장 1~3절

먼저 삶의 목적을 점검해야 합니다. 목표와 목적은 비슷하지만 그 의미에서 차이점이 있습니다. 목표는 목적을 향해 가는 중간의 한 지점을 말합니다. 등산을 할 때 지도를 보면서 정상을 향해 가는 경로를 정합니다. 입구에서 출발하여 능선까지 올라가서

휴식합니다. 그리고 성곽에서 다시 모인 후 팔각정까지 갑니다. 팔각정에서 마지막 휴식을 취한 후 정상에서 만나기로 합니다. 여기에서 휴식을 취하고 모이기로 한 능선, 성곽, 팔각정 등을 목표라고 말할 수 있습니다. 모든 지점을 통과하여 정상에 이르는 것입니다. 목표는 목적을 향하는 방향성을 가지고 있어야 합니다. 목적을 향해 가는 과정 중에 있는 작은 디딤돌과 같은 것입니다. 그렇다면 인생의 목적은 무엇입니까? 이것은 태어나서 죽을 때까지 어떤 길을 걸어가야 하는 것인지에 대하여 말하는 것입니다. 쉽게 말하면 내가 살아가는 이유인 것입니다.

요즘 사람들에게 가끔 듣는 이야기가 있습니다. 도시에서 건물 한 채 갖고 있었으면 좋겠다는 말입니다. 소유하고 있는 건물이 있다면 임대를 주고 임대료를 받으면서 편하게 살고 싶다는 것입니다. 힘든 노동을 하거나 매출을 올리기 위해 머리를 쓰지 않아도 정기적으로 수입이 생기는 일이니 요즘처럼 취업이 힘든 시기에 정말 꿈과 같은 일이라고 생각하는 것입니다. 일하지 않고 돈을 벌고 그것을 쓰면서 살고 싶다는 것입니다.

이런 생각을 비판하려는 것은 아닙니다. 다만 편하게 살고 싶다는 인생의 목표는 있지만 왜 그렇게 살고 싶은지에 대한 이유와 목적이 없다는 것을 말하고 싶은 것입니다. 좋은 회사에 취업해서 많은 급여를 받는 목표를 가지고 공부한다면 그것은 응원할 일입니다. 그러나 좋은 회사에 취업하는 것이 인생의 목적이며 살아가는 이유라고 한다면 그것을 응원할 수 있을지 다시 한 번 생각해 보아야할 것입니다.

우리는 부유하고 편안한 삶을 추구할 수 있지만 그것이 최종 목적지가 되어서는 안 되는 것입니다. 살아가는 분명한 이유가 있어야 합니다. 성도로서 하나님을 향한 방향성을 분명하게 인식하고 있어야 합니다. 먼저 그의 나라와 의를 구하라고 말씀하신 것을 기억해야 합니다. 사람들에게 생명의 복음을 전하고 하나님의 사랑을 나누는 것이 삶의 목적이 되어야 합니다. 그것이 피조물 된 우리의 마땅한 도리이며 우리가 숨쉬며 살아가는 이유가 되는 것입니다.

야고보는 부한 자들에게 임할 고생으로 말미암아 통곡하라고 말씀하고 있습니다. 이 말씀을 통하여 부자는 하나님께서 싫어하시며 심판하실 때 큰 벌을 내리실 것이라고 생각한다면 성경에 대해 오해하고 있는 것입니다. 부자들은 악하고 가난한 사람들은 선하다고 생각하는 이분법적인 생각을 가지고 신앙생활을 한다면 우리는 하나님의 마음을 전혀 알지 못하는 것입니다. 하나님께서는 가난하다고 해서 봐주시는 것은 없습니다. 또한 부자라고해서 더 큰 잣대를 들이대서 벌하시지도 않습니다. 하나님의 관심은 재산이 많고 적은 것에 있지 않습니다. 가지고 있는 것을 어떤 마음으로 어떻게 사용하는가 하는 것에 관심 있는 것입니다. 이유와 방향, 삶의 목적을 보시는 것입니다.

야고보가 말하는 부한 자들은 오직 재물을 목적으로 삼고 있는 사람입니다. 부자가 되기 위하여 삶의 목적을 재물에 두고 있는 것입니다. 돈이 인생의 목적이 되는 사람을 말합니다. 그렇다고 돈만 해당되는 것이 아닙니다. 명예와 권력 혹은 다른 무엇이 인생의 목적이 되는 사람도 똑같습니다. 하나님을 배제한 목적이며 나의 욕심을 추구하는 목적을 말하는 것입니다. 평생을 살며 많은 재물과 풍성한 열매를 거두었다고 하여도 하나님과 관련 없는 삶을 살았다면 그것은 기뻐할 것이 아니라 울며 통곡해야 하는 것입니다. 그 앞에 심판의 때가 있다는 것입니다. 그래서 우리는 우리가 살아가는 이유를 늘 생각해 보아야 합니다. 하나님을 배제한 삶을 살고 있는 것은 아닌지 점검해야만 합니다.

말씀을 통하여 깨닫게 해주시는 그 순간에 돌이키지 않는다면 이미 늦은 것입니다. 우리의 삶은 무한하지 않고 그 마지막 순간 역시 불확실하여 알 수 없기 때문입니다. 이 땅에서의 삶은 반드시 끝이 있고 하나님을 만나게 되는 순간은 찾아옵니다. 그 때가 언제인지 모르고 있을 뿐입니다.

> 그러므로 깨어 있으라 어느 날에 너희 주가 임할는지 너희가 알지 못함이니라 너희도 아는 바니 만일 집 주인이 도둑이 어느 시각에 올 줄을 알았더라면 깨어 있어 그 집을 뚫지 못하게 하였으리라 이러므로 너희도 준비하고 있으라 생각하지 않은 때에 인자가 오리라 _ 마태복음 24장 42~44절

어느 사회든지 부유층은 곡식을 창고에 가득 쌓아두고 많은 옷과 장신구와 금과 은을 가지고 있습니다. 창고에 가득한 재물을 보며 흡족한 마음을 갖습니다. 그러나 창고 안에서 있는 재물이 영원히 나의 것이 아니며 그것을 바라보는 나 역시 영원히 그 자리에 있는 것은 아닙니다. 우리는 태어나는 그 순간부터 죽음

을 향하여 걸어가고 있다는 것을 기억해야 할 것입니다. 죽음을 향해 간다는 것을 안다면 무엇을 준비하고 어떻게 살아야 하는지 생각하며 대비해야 하는 것입니다.

돈이 목적인 사람을 보면 그 돈이 자신을 지켜줄 것으로 생각합니다. 권력에 눈먼 사람은 자신이 차지한 그 권력의 자리가 자신을 보호해줄 것으로 믿습니다. 돈이 많다면 몸의 건강을 위해 좋은 음식과 치료를 받으며 그 생명을 연장할 수는 있습니다. 권력을 통하여 편안하고 안정된 삶을 살며 남들 보다 좀 더 좋은 혜택을 받을 수 있을 수는 있습니다. 그러나 영원하지는 않습니다. 돈과 권력뿐만 아니라 그 어떤 것을 가지더라도 마지막을 피할 수 있는 것은 없습니다.

하나님께서는 우리가 정금을 모으는 것에 관심이 없습니다. 하나님의 자녀 된 우리가 정금같이 사용되기를 원하십니다. 하나님의 자녀로서 하나님의 백성으로서 사명을 발견하고 부르심에 반응하는 자가 되기를 원하십니다. 중요한 가치를 알고 그 뜻에 합당하게 살아가기를 원하십니다. 우리는 이러한 하나님의 마음을 알고 삶의 방향을 조정해야하며 목적을 점검해야 합니다. 그리고 없어질 것이 아닌 영원한 것을 바라보며 살아가야 합니다.

———

보라 너희 밭에서 추수한 품꾼에게 주지 아니한 삯이 소리 지르며 그 추수한 자의 우는 소리가 만군의 주의 귀에 들렸 느니라 너희가 땅에서 사치하고 방종하여 살륙의 날에 너희

예수님께서는 나는 포도나무요 너희는 가지라고 말씀하시면서 가지가 나무에 붙어있어야 열매를 많이 맺는다고 말씀하셨습니다. 나무와 가지의 관계를 생각한다면 이것은 당연한 것입니다. 나무의 뿌리를 통하여 물과 영양분을 가지에 공급하고 가지는 받은 영양분으로 잎사귀와 열매를 맺기 때문입니다. 가지가 나무로부터 독립한다면 어떠한 공급도 받을 수 없기에 금방 죽을 수밖에 없는 것입니다. 우리가 성도로서 세상을 살아간다면 하나님께 가까이 해야만 하는 것입니다. 하나님 안에 있어야만 성도로서 살아갈 수 있는 양분을 공급 받을 수 있는 것입니다.

하나님과 함께 하며 가까이 한다는 의미는 예배당 안에만 있어야 한다는 의미가 아닙니다. 말씀을 듣고 세상으로 나가되 성도의 본분을 잃지 말아야 한다는 것입니다.

우리는 가끔 일하는 것과 하나님을 분리해서 생각할 때가 있습니다. 교회에서는 인정 많고 남을 배려하며 많은 헌금을 하는 사람이지만 직장에서는 많은 사람들에게 비난을 받는 행동을 하는 사람이 있습니다. 기업을 경영하며 많은 돈을 벌지만 사회에는 오히려 악영향을 주는 일을 하는 사람도 있습니다. 이런 모습이 과연 성도의 모습인지 생각해 보아야 합니다. 세상 속에서 성도로서의 정체성을 가지고 있는지 생각해봐야 하는 것입니다.

돈을 버는 것을 우선 시 하는 것이 아니라 고용을 통해 직원들과 사회에 좋은 영향을 끼치는 것을 목적으로 하는 기업이 되어야 합니다. 그 모습을 통해 복음이 자연스럽게 전해지는 것이 바로 하나님과 함께 하는 것입니다. 그렇다면 우리는 선교를 위해 많은 것을 준비하고 시간과 물질로 헌신하는 것 보다는 우리 곁에 있는 외국인들을 잘 대하는 것이 먼저 되어야 합니다. 나라를 떠난 그들에게 하나님의 사랑을 전하는 것입니다. 그들이 자국으로 돌아가 우리에게 받은 사랑을 기억하고 전달한다면 다른 어떤 것보다도 강력한 복음의 메신저가 될 것입니다.

일하고 돈을 버는 것과 믿음생활은 서로 분리된 것이 아닙니다. 나에게 주신 일과 물질은 하나님께서 주신 사명이며 복음을 전하는 도구이자 통로인 것입니다. 그것이 하나님과 함께하는 실제적인 모습인 것입니다.

야고보는 임금을 주지 않아 고통 받는 사람들의 소리를 하나님께서 들으신다고 말씀하고 있습니다. 하나님을 믿는 성도가 경영하는 기업에서 임금체불이 생긴다면 그것은 하나님을 믿는 것이 아닐 것입니다. 하나님의 뜻이 전혀 실현되지 않는 곳이며 오히려 하나님의 이름을 비난거리로 만드는 것이기 때문입니다. 믿음의 기업이라는 이름을 붙여 놓았지만 결국 하나님과는 상관없는 기업인 것입니다. 자신의 이익이 목적입니다.

언제가 될지는 모르지만 심판의 날이 가까이 오고 있습니다. 나를 의한 재물을 쌓아 둘 것이 아니라 하나님께서 주신 일을 통하여 그 사랑을 나누어야 하는 것입니다. 나무에 붙어있는 가지는 나무가 주는 물과 영양분을 통하여 나무의 열매를 맺는 것처럼 우리도 그래야 합니다. 하나님께서 주신 삶을 통하여 그분이 원하시는 삶의 열매를 맺어야 하는 것입니다. 부유하게 하셨다면 부유한 것을 통하여 복음을 전하고 가난하게 하셨다면 가난한 것을 통하여 복음을 전하는 것이 나무에 붙어있는 가지인 것입니다. 주신 분의 마음에 맞는 삶을 살아야 합니다. 물질에 대한 가치와 삶의 우선순위가 다시 세워져야겠습니다.

늦은 비를 기다리라

> ## 야고보서 5장 7-11절
>
> 7. 그러므로 형제들아 주께서 강림하시기까지 길이 참으라 보라 농부가 땅에서 나는 귀한 열매를 바라고 길이 참아 이른 비와 늦은 비를 기다리나니
> 8. 너희도 길이 참고 마음을 굳건하게 하라 주의 강림이 가까우니라
> 9. 형제들아 서로 원망하지 말라 그리하여야 심판을 면하리라 보라 심판주가 문 밖에 서 계시니라
> 10. 형제들아 주의 이름으로 말한 선지자들을 고난과 오래 참음의 본으로 삼으라
> 11. 보라 인내하는 자를 우리가 복되다 하나니 너희가 욥의 인내를 들었고 주께서 주신 결말을 보았거니와 주는 가장 자비하시고 긍휼히 여기시는 이시니라

고난이라는 말은 나의 삶에서 최대한 멀리 두고 싶습니다. 그다지 만나고 싶지 않은 것이며 피할 수 있으면 언제나 피하고 싶은 마음이 드는 것은 당연한 것입니다. 그럼에도 불구하고 고난은 다가오며 우리 삶에 영향을 줍니다. 묵직하게 누르고 있는 무게를 감당하며 한걸음씩 내딛다 보면 어느새 이전과는 다른 모습

에 다다른 것을 깨닫습니다. 하나님을 바라보지 못하고 자기만족과 불만에 쌓여 있으며 하나님의 존재와 그를 향한 간절한 마음을 잃어가고 있을 때 고난은 특효약처럼 우리의 상태를 되돌려놓습니다. 모르는 사이에 조금씩 균열이 생긴 믿음을 다시 봉합하는 기회가 됩니다.

고난의 의미와 그것이 주는 유익에 대해서 잘 알고 있습니다. 그러나 내게 고난이 찾아오게 되면 우리가 알고 있던 고난의 정의는 온데간데없고 원망과 불평이 몰려옵니다. 제게 무엇 때문에 이런 일이 생기는 것입니까? 하며 하나님의 뜻을 알려고 귀를 기울이기보다는 내가 고난 받는 것이 부당하다고 외쳐댑니다. 고난을 벗어나기 위한 몸부림칩니다.

이럴 때 필요한 것은 고난을 벗어나려는 몸부림보다는 하나님의 때를 기다리는 것입니다. 흙탕물 속을 보기 위해서는 어떤 노력과 수고를 하기 보다는 흙이 가라앉을 때까지 기다리는 것이 가장 좋은 방법입니다. 불평과 원망의 마음을 외부로 표출하거나 스스로 포기하려는 마음보다는 인내하고 기다리는 마음이 더 앞서야 합니다. 쉽지 않겠지만 모든 상황을 아시는 하나님의 때를 기다려야 합니다.

인내는 쓰고 열매는 달다는 말이 있습니다. 어려운 과정을 지나며 얻은 열매는 힘든 과정을 잊게 할 만큼 충분히 좋다는 것입니다. 운동선수들이 올림픽에 출전하기 위해 많은 시간 힘든 훈련을 합니다. 가끔 선수들의 인터뷰를 보면 포기하고 싶은 순간을 수없이 만난다고 합니다. 그때마다 자신의 생각을 가다듬고 인내하며 훈련의 자리로 돌아간다고 합니다. 수영이나 육상, 스케이트와 같은 기록 종목은 0.001초가 순위를 결정합니다. 구기 종목이나 격투기 같은 종목 역시 한순간의 실수나 허점이 승패를 갈라놓습니다. 이러한 이유로 전력으로 경기하고 있다고 생각하는 순간에도 이를 악물고 훈련하는 것입니다. 마지막 순간까지 최고의 결과를 만들기 위해서 말입니다. 인내가 곧 실력이라고 할 수 있습니다.

우리도 일상에서 많은 기다림을 경험합니다. 결혼을 위해 배우자를 기다리고 자녀가 태어나기를 기다립니다. 직장에 취업되기를 기다리고 승진과 급여인상을 기다립니다. 버스나 지하철을 타기 위해서 기다리고 목적지에서 내릴 때를 기다립니다. 이런 기다림은 내가 조급하게 생각한다고 해서 일정이 바뀌지 않습니다. 적당한 때를 기다릴 수밖에 없는 것입니다.

우리가 사는 세상은 기다림의 연속입니다. 그런데 생활에서는 익숙하지만 하나님과의 관계에서는 익숙하게 생각하지 않습니다. 조급하게 여기고 무언가 바로 이루어지고 결과가 나오기를 바랍니다. 성경의 인물들도 기다리고 인내했습니다. 아브라함은 하나님께서 약속하신 아들을 낳기까지 25년의 세월을 기다려야 했습니다. 이스라엘 민족은 요셉 때 애굽(이집트)에 들어간 후 시간이 지나면서 노예의 모습으로 살았습니다. 노예에서 해방되기까지 430년의 세월을 기다려야했습니다. 모세와 사도바울 역시 하나님의 부르심을 듣고 인내하는 시간을 경험해야 했습니다. 기다린다는 것은 하나님의 주권을 인정하고 그의 통치를 받는다는 것입니다. 우리의 생각을 버리고 순종하는 것을 말하는 것입니다. 견디고 버티기 어려운 순간에도 하나님의 주권을 인정하고 기다릴 수 있는 것이 필요합니다. 숨이 차오르는 고통 가운데서도 내 힘만을 의지하여 무엇을 하려고 노력하기 보다는 하나님께 기도하며 그 시간을 기다리는 것이 우리에게 필요합니다.

그러므로 형제들아 주께서 강림하시기까지 길이 참으라 보라 농부가 땅에서 나는 귀한 열매를 바라고 길이 참아 이른 비와 늦은 비를 기다리나니 너희도 길이 참고 마음을 굳건하게 하라 주의 강림이 가까우니라 형제들아 서로 원망하지 말라 그리하여야 심판을 면하리라 보라 심판주가 문 밖에 서 계시니라

_ 야고보서 5장 7~9절

야고보는 핍박과 고난을 당하고 있는 그리스도인들에게 농부처럼 기다리라고 말하고 있습니다. 이른 비는 보통 10월을 전후하여 내리는 비로 뜨겁고 건조한 기후의 메마른 땅을 적셔주어 부드럽게 해주는 역할을 해줍니다. 그로인해 땅에 파종이 가능해집니다. 늦은 비는 이른 비가 내린 후 6~7개월 후에 내리며 곡식이 자라고 열매를 맺을 수 있도록 합니다. 이처럼 이른 비와 늦은 비는 이스라엘의 농사를 위해 반드시 필요한 것입니다. 이른 비가 와야만 씨를 뿌릴 수 있기에 파종을 위한 모든 준비를 다 마친 상태에서 비가 오기를 기다립니다. 때로는 1월에 내리기도 한다고 하니 그 기다림은 우리가 생각하는 것보다도 더 지루하고 힘든 것입니다. 비와 함께 파종을 하고 열매를 기다릴 수 있는 생활이 시작되는 것입니다.

파종 후 늦은 비를 기다리는 것은 더 힘듭니다. 씨앗을 심어놓으면 그것을 바라보며 기대하는 것이 있습니다. 풍성하게 열매를 맺고 추수하기를 기다립니다. 그런데 비가 오지 않아 식물이 자라지 못하고 열매 맺지 못하는 것을 바라보면 하루하루 속이 타들어갈 것입니다. 그럼에도 불구하고 할 수 있는 일이 없다는 것이 더 큰 좌절을 경험하게 합니다.

땅이 마르고 식물도 죽었다고 여겨지는 순간에 늦은 비가 내립니다. 늦은 비가 오면 죽은 줄 알았던 농작물에 생명이 깃들어 가듯 하나씩 살아나기 시작합니다. 열매 맺는 결실을 볼 수 있는 시간이 된 것입니다. 농부는 마른 땅을 보며 낙심하고 절망하는 것이 아니라 맑은 하늘을 보며 비가 오기만을 기다리는 것입니다. 이른 비든 늦은 비든 어떤 것도 나의 노력으로 내리도록 할 수 있는 것이 아니기 때문입니다. 농부에게 기다림은 농사를 짓는 또 하나의 과정인 것입니다. 결실을 맺기 위한 당연한 과정입니다. 해 마다 씨를 뿌리고 추수하지만 자신의 힘으로 하는 것이 아니라는 것을 너무도 잘 알고 있습니다. 하나님께서 공급해주시지 않는다면 결코 열매 맺을 수 없기 때문입니다. 하나님을 신뢰하며 기다리는 믿음 없이는 안 되는 것입니다.

하나님의 자녀 된 우리는 농부와 같이 믿음으로 살아가는 사람입니다. 눈에 보이지 않고 귀에 들리지 않고 손에 잡히는 것이 없어도 믿음으로 살아가야 합니다. 믿음으로 기다리면 가장 좋은 순간에 가장 좋은 축복의 열매로 추수하게 될 것을 믿는 것입니다. 이는 가장 좋은 순간과 가장 좋은 열매를 맺도록 하시는 분인 하나님을 믿는 것입니다.

나는 심었고 아볼로는 물을 주었으되 오직 하나님께서 자라나게
하셨나니 _ 고린도전서 3장 6절

우리는 복음을 위하여 믿지 않는 사람들에게 씨를 뿌립니다.
생활을 하면서 성도로서 선한 모습으로 씨를 뿌려봅니다. 이해하
고 용서하는 그리스도의 사랑의 씨를 뿌려봅니다. 그러나 이 모
든 것 또한 열매가 맺혀 결실하기까지는 인내가 필요합니다. 아
무런 반응도 없고 허무하게 느껴지고 소용없어 보일 수도 있습니
다. 기다리며 인내하는 것이 필요한 것입니다. 늦은 비와 같이 하
나님의 때에 결실하게 하실 날을 기다리면서 말입니다.

비가 오지 않을 것이라고 생각하며 포기하고 씨를 심는 것을
포기한다면 열매는 없습니다. 늦은 비가 올 때 진짜 아무것도 없
는 인생이 되는 것입니다. 추수할 열매가 없는 인생이 되는 것입
니다.

그러므로 내 사랑하는 형제들아 견실하며 흔들리지 말고 항상
주의 일에 더욱 힘쓰는 자들이 되라 이는 너희 수고가 주 안에서
헛되지 않은 줄 앎이라 _ 고린도전서 15장 58절

심어 놓고 기도하며 기다리는 것은 허무하거나 소용없는 행
동을 하는 것이 아닙니다. 우리는 그 결과를 알 수 없지만 그래
도 끊임없이 기도하며 심고 기다려야 합니다. 결과를 만들어 낼

수는 없지만 나에게 주어진 역할을 다 하는 것이 하나님께서 주신 사명이기 때문입니다. 누가 알아주든지 알아주지 않든지 간에 해야 하는 것입니다. 말씀대로 살기 위해 애써야 하는 것입니다. 자녀를 키우는 사람은 자녀를 키우는 것에 힘써야 합니다. 직장에서 일하는 사람은 직장에서 일하는 방식으로 말씀에 충성해야 합니다. 음식을 만들고 집안을 청소한다고 해도 우리는 맡겨진 일에 묵묵하게 순종하며 행해야 합니다. 그것이 주어진 사명이며 그것을 통한 열매를 맺게 하실 분은 오직 하나님이시기 때문입니다.

우리가 서 있는 자리에 서게 하신 것 역시 하나님이시라는 것을 기억해야 할 것입니다. 열매를 맺게 하실 하나님 앞에 인내하며 기다리는 농부와 같은 모습이 있어야 합니다. 가정과 직장 혹은 그 어떤 자리에서도 우리가 기다리고 인내해야 하는 이유가 바로 여기에 있는 것입니다.

보이지 않는 열매라고 하지만 그것을 기다리지 못하는 것은 신뢰에 대한 문제입니다. 단순하게 때를 기다리지 못하는 것이 아닙니다. 가장 좋은 때에 가장 좋은 것으로 주신다는 사실을 믿지 못하는 것입니다. 계획하시고 인도하시는 하나님을 믿지 못하는 것입니다. 늦은 비 내릴 것을 신뢰하지 못하고 씨 뿌리는 것을 포기하거나 열매 맺힐 것을 기다리지 못하여 원망하며 자신의 본분에 충실하지 못하다면 성도의 모습이 아닌 것입니다.

만일 사랑하는 사람을 집으로 초대하여 그 시간이 가까워지고 있다면 어떻겠습니까? 그 사람이 문 앞에서 기다린다면 마음이 어떨까요? 심장이 멈출 것처럼 두근거리며 긴장되지 않을까요. 내 얼굴과 옷차림은 물론이며 주변을 살펴 흠이 될 만한 것은 모두 정리할 것입니다. 청소하고 치장하며 가장 좋은 모습을 보이려고 모든 노력을 다 할 것입니다. 문이 언제 열릴지 모르는 긴장된 마음으로 말입니다. 우리가 예수님을 그리스도로 믿고 살아가는 모습이 이와 같은 긴장을 유지해야 하는 것입니다. 문밖에 계시며 언젠가 문이 열릴 것이 확실하다는 것을 이해하며 긴장을 유지하며 기다려야 합니다. 기다리되 기대하고 인내하며 기다려야 한다는 것입니다. 문 안에서는 별다른 변화가 보이지 않더라도 뿌려놓은 씨가 그대로 있는 것 같아 보여도 주어진 사명을 충실하게 행하며 한걸음씩 걸어야 한다는 것입니다. 기도의 씨앗들이 심겨졌으나 메말라 죽어있는 것 같아도 늦은 비가 올 것을 믿고 기다리는 인내가 필요합니다. 원망과 불평을 내려놓고 하나님을 완전하게 신뢰하고 순종하며 기다리는 모습이 필요합니다. 늦은 비는 반드시 온다는 것을 믿고 기다려야합니다.

형제들아 주의 이름으로 말한 선지자들을 고난과 오래 참음의 본으로 삼으라 보라 인내하는 자를 우리가 복되다 하나니 너희가 욥의 인내를 들었고 주께서 주신 결말을 보았거니와 주는 가장 자비하시고 긍휼히 여기시는 이시니라

_ 야고보서 5장 10~11절

욥은 동방에서 의인이며 큰 부자입니다. 10명의 자녀가 있었고 재판을 할 수 있을 만큼 사회적으로 존경받는 인물입니다. 그런 욥이 사단의 참소로 인해 고난을 당합니다. 가지고 있는 재산과 자녀를 잃습니다. 사회적 지위도 잃어버리고 아내는 하나님을 저주하라고 말하며 욥을 떠납니다. 자신의 몸도 피부병에 걸려 매일의 삶이 고통에 있습니다. 어떤 누가 보아도 어떤 시선으로 보아도 분명 저주의 삶이라고 말할 수 있습니다. 이런 욥을 통하여 하나님을 믿고 인내하며 다스리심을 인정하는 것이 가장 큰 지혜라는 것을 말해주고 있습니다. 인내하는 과정을 통하여 하나님에 대하여 깨닫고 잃었던 모든 것을 이전보다 더 풍성하게 채워주시는 은혜를 말씀하고 있습니다. 하나님은 선이시며 모든 기준이시라는 것을 깨닫게 해줍니다.

욥뿐만 아니라 성경에 소개된 많은 사람들도 마찬 가지입니다. 그들의 삶을 통하여 우리는 사람이 어떠했는가 하는 것을 볼 것이 아니라 하나님께서 어떻게 인도하시며 어떻게 사용하셨는지를 보아야 합니다. 또한 그들은 하나님의 선한 뜻을 기다리고 인내하였는가 하는 것을 살펴야 합니다. 그로 말미암아 우리에게 주시는 약속의 말씀은 절대로 변하지 않으며 인내하고 기다려야 한다는 것을 배워야하는 것입니다.

우리의 인생에서 심는 것은 계속되지만 거두는 것을 볼 수 없을 수도 있습니다. 그러나 인내의 끝은 하나님을 신뢰하는 것입니다. 내가 생각한 결과와 다를지라도 하나님께서 하셨다는 것을 신뢰하며 감사할 수 있어야 합니다. 설령 끝내 보지 못한다고 할지라도 그것은 하나님의 뜻 안에 있기에 선한 것입니다. 그것이 진정한 믿음입니다.

우리의 인생길은 한 치 앞을 내다볼 수 없는 고단하고 어려운 여정입니다. 고난이 다가오고 인내해야 하는 상황이 올 때 그 종착지가 어딘지 안다면 버텨 볼 수 있습니다. 그러나 누구도 그 종착지를 알지 못하기에 버티고 인내하지 못하는 경우가 많습니다. 분명한 것은 마지막이 있다는 것이며 그 시기는 하나님만이 아신다는 것입니다. 또한 나의 고난 역시 하나님께서 아시며 인도하고 계시다는 것입니다. 죽기까지 순종하시며 죄의 삯인 사망에서 생명으로 옮기신 분이 바로 하나님이시며 우리는 그분의 자녀이기 때문입니다. 인생의 여정 가운데 이른 비와 늦은 비를 경험하며 농부와 같이 죽은 것 같더라도 끝까지 기다리며 추수할 것을 기다릴 수 있는 인내의 사람이 되어야겠습니다.

모든 것으로 기도하라

야고보서 5장 12-13절

12. 내 형제들아 무엇보다도 맹세하지 말지니 하늘로나 땅으로나 아무 다른 것으로도 맹세하지 말고 오직 너희가 그렇다고 생각하는 것은 그렇다 하고 아니라고 생각하는 것은 아니라 하여 정죄 받음을 면하라

13. 너희 중에 고난 당하는 자가 있느냐 그는 기도할 것이요 즐거워하는 자가 있느냐 그는 찬송할지니라

　　교회에 출석한지 오래되지 않은 형제가 심각한 표정으로 물어봅니다. 교회에 와서 사람들이 제일 많이 하는 소리가 기도하라는 소리인데 자신은 기도가 어렵다고 하소연 합니다. 어떻게 기도할지 모르겠고 시간을 내는 것 또한 정말 어렵다고 합니다. 사실 그 형제가 고백한 내용은 교회 안에 있는 많은 사람들이 공감할 내용이기도 합니다. 기도하는 시간을 내기는 어렵지만 차 한 잔 마시며 이야기 나누며 영화를 보는 시간을 만드는 것이 쉽습니다. 집에 돌아와 밀린 드라마를 보는 것이 무릎 꿇고 기도하는 것 보다 쉽습니다. 우리는 하나님께 가까이 가는 것을 즐거워하

지 않는 죄인 된 본성을 가지고 있습니다. 기도는 우리의 연약함을 고백하고 은혜를 구하는 방법이며 하나님께 나아가는 길입니다. 우리의 죄인 된 본성과 부딪히는 것이기 때문에 쉽지 않은 것입니다.

다르게 보면 우리가 우리의 본성 즉 죄인 된 성품을 꺾고 하나님께 가까이 갈 수 있는 것은 유일한 길이 기도라는 것입니다. 기도가 우리의 죄인 된 본성을 이기는 방법인 것입니다. 그렇기 때문에 기도의 자리를 사모하며 믿음의 싸움을 싸워야 하는 것입니다.

기도하면 할수록 우리의 생각과 가치관, 삶을 대하는 태도 등 많은 것이 달라지는 것을 경험합니다. 기도할수록 우리의 믿음은 새로워지며 굳건해지는 것입니다. 나의 자아가 꺾이고 하나님의 사랑과 은혜로 충만해지는 것을 경험합니다. 기도를 통해 내 믿음의 그릇이 커지고 하나님의 뜻을 구하는 것으로 기도의 내용도 바뀝니다. 나와 내 가족의 안위와 필요를 구하는 것에서 벗어나 나라와 민족을 위하여 그리고 이 땅의 하나님 나라를 위하여 간절하게 기도하게 됩니다. 하나님의 마음을 알고 그 뜻을 따르기 위해 힘쓰는 사명자의 자리에 서게 되는 것입니다.

기도가 하나님의 은혜를 깨닫고 사명의 자리에 서는 것이라는 것을 알면서도 기도하지 않는 것은 우리의 생각으로 기도하기 때문입니다. 기도 응답의 시간을 정하고 그것이 더디게 이루어지는 것을 견디지 못하는 조급함이 기도를 멈추게 하며 포기하게 하는 것입니다. 우리가 기도할 때마다 하나님께서 응답해주시고 당장 무언가 변화가 생긴다면 절대 포기하지 않을 것입니다. 그래서 눈으로 볼 수 없는 하나님께 기도하는 것 그리고 응답을 기다리는 일은 믿음이 있어야만 가능한 것입니다. 눈으로 볼 수 없고 느껴지지 않는다고 하나님이 안 계신 것이 아닙니다. 다만 믿음이 없어 하나님을 마치 계시지 않은 것처럼 여길 뿐입니다. 믿지 못하는 기도는 하나님을 기쁘시게 하지 못하며 그 응답을 받을 수 없습니다. 믿음으로 진실하게 기도하며 연약한 모습을 그대로 고백하며 그 뜻을 구해야 합니다.

> 이와 같이 성령도 우리의 연약함을 도우시나니 우리는 마땅히 기도할 바를 알지 못하나 오직 성령이 말할 수 없는 탄식으로 우리를 위하여 친히 간구하시느니라 _ 로마서 8장 26절

우리가 탄식하고 한숨만 내 쉴 수밖에 없는 어려운 상황도 아시며 기도하여 다시 회복할 수 있도록 성령님께서 도우신다고 말씀하십니다. 내면의 깊은 소리와 작은 신음마저도 알고 계시며 듣고 계시다는 것을 기억해야 합니다. 조급한 마음마저도 완전하게 맡겨야 하는 것입니다.

> 내 형제들아 무엇보다도 맹세하지 말지니 하늘로나 땅으로나 아무 다른 것으로도 맹세하지 말고 오직 너희가 그렇다고 생각하는 것은 그렇다 하고 아니라고 생각하는 것은 아니라 하여 정죄 받음을 면하라 _ 야고보서 5장 12절

그렇다면 기도는 어떻게 해야 할까요? 기도하고 있음에도 불구하고 변하지 않는 현실과 응답 없이 지나가는 것만 같은 시간은 우리를 조급하게 만듭니다. 조급한 마음으로 인해 우리의 마음은 하나님에게 맞추어져 있는 초점의 중심을 잃어 갑니다. 기도하지 않았을 때는 기도하지 않았기 때문이라고 생각합니다. 그러나 기도를 시작하고 나면 점차 소망이 생깁니다. 어려운 상황이 바꾸어질 것이라는 기대가 생기며 원하는 바가 곧 이루어질 것 같습니다. 기도한다는 이유가 있기 때문입니다. 당장 변화가 있으면 좋겠지만 현실은 그렇지 않습니다.

아무 변화가 없는 이때 어떤 생각이 머리를 스칩니다. 기도하는 노력이 부족하구나 하는 생각입니다. 내가 기도하는 시간과 정성이 부족하기에 하나님께서 그대로 계시는구나 하는 생각을 합니다. 곧이어 무엇인가 나의 노력을 기울여야할 것 같은 마음으로 결심의 칼을 빼들고 행동하기 시작합니다. 시간을 늘리고 더 크게 외치고 금식을 합니다. 죽을 각오로 나의 기도가 이루어지기를 바라며 힘을 씁니다. 모든 방법을 동원하는 것입니다. 급기야는 하나님께 맹세합니다. 원하는 기도의 응답을 주시면 이렇게 하겠다는 조건을 제시하는 기도를 합니다. 겉으로 보면 믿음이 좋은 모습일지도 모르겠습니다. 그러나 그 내면을 살펴보면 빈껍데기와 같은 믿음인 것입니다. 하나님의 뜻에 합당한 믿음의 기도라면 기도하는 내용의 것도 하나님께서 이루어 가실 것입니다. 내가 원하는 시간에 내가 원하는 내용으로 행하시는 것이 하나님의 응답이 아니라는 것입니다. 하나님의 시간에 하나님의 방법으로 행하시는 것이 온전한 기도 응답인 것입니다. 물론 내가 기도한 것이 하나님의 뜻에 부합하여 기도한대로 행하실 경우도 있을 것입니다. 그러나 어떠한 경우에도 행하시는 주체는 하나님이라는 사실은 변함이 없습니다. 따라서 내가 기도하는 때와 내용으로 응답해 주시기를 원한다면 그것은 하나님을 위한 것이 아닌 나를 위한 것입니다. 겉으로는 하나님을 말하지만 깊은 내면은 나의 기준을 적용하고 있는 것입니다.

하나님과 우리는 거래의 관계가 아닙니다. 창조주와 피조물의 관계에서는 어떠한 거래도 일어날 수 없습니다. 기도에 응답해 주시면 이렇게 하겠다, 저렇게 하겠다는 태도를 갖는다면 그것은 기도가 아닙니다. 서로의 필요에 따라 주고받는 거래인 것입니다. 나의 목적을 이루기 위해서 상대방에게 제시하고 그것을 빠르게 얻어내기 위한 수단인 것입니다. 용돈을 받기 위해 청소를 하거나 구두를 닦는 아이의 모습과 같은 것입니다. 아이가 하는 행동이 귀엽기도 하고 안쓰럽기도 하여 원하는 것을 들어 줄 수는 있지만 제시하는 조건에 만족하거나 서로의 이해관계가 맞아서 성사된 것은 아닙니다. 어쩌면 아이가 청소를 하고 구두를 닦아 놓는 행동이 엄마와 아빠에게는 더 번거로운 일일 수도 있습니다. 그럼에도 불구하고 아이를 사랑하는 마음에 용돈을 주는 것뿐입니다. 아이와의 관계를 생각하여 수락해주는 것이고 들어주는 것입니다. 하나님께서도 무언가 부족하다거나 나의 힘과 능력이 아니면 안 되는 것이 있어서 조건을 허락하시는 분이 아니라는 사실을 알아야 합니다. 내가 아무리 높은 지식과 많은 재산이 있다고 해도 그 조건이 하나님께 내세울 수 있는 것은 아닙니다. 설령 큰 교회를 세우고 많은 성도들을 목양하며 최고의 목회 자라고 많은 사람들로부터 온갖 칭찬을 받는다고 할지라도 이 땅의 교회에 큰 영향력을 미치는 역할을 한다고 할지라도 하나님께는 피조물 중 하나이며 죄인 중 한명일 뿐입니다. 따라서 그 어떤 것으로도 조건을 내세우며 거래할 수는 없습니다. 이러한 사실을 인지하고 있다면 우리는 결코 맹세라는 이름으로 거래하듯 기도하지는 못할 것입니다. 우리가 할 수 있는 것은 오직 은혜를 구하는 것 밖에는 없습니다.

너희 중에 고난 당하는 자가 있느냐 그는 기도할 것이요 즐거 워하는 자가 있느냐 그는 찬송할지니라 _ 야고보서 5장 13절

하나님께 기도하는 것은 어떤 것부터 해야 할까요? 어느 정도 규모의 기도를 해야 들어주실까요? 작고 사소한 것을 기도하면 꾸중하지는 않으실까요? 실제로 이런 고민에 빠졌던 일이 있습니다. 이 땅을 창조하신 하나님께 잃어버린 동전 하나를 찾는 기도를 하거나 그것을 찾은 후 감사 기도를 하는 것을 하찮게 여기시지 않을까 하는 고민을 했습니다. 하나님의 위대한 능력에 비하여 기도하는 내용이 너무 작고 하찮게 느껴졌기 때문입니다. 그러나 하나님께서는 결코 하찮게 생각하시거나 우습게 여기시지 않는다는 것을 알았습니다. 하나님께서는 우리를 사랑으로 대하고 계시기 때문입니다. 사랑하는 사람에게 있는 것이라면 작은 것이라도 소중하게 여길 수 있기 때문입니다. 진실하게 마음을 쏟아내며 기도하는 것이라면 시시한 기도와 가벼운 기도도 그리고 하찮고 우습게 여기는 기도는 없습니다. 그 모든 것을 하나님께서 귀하게 여겨주시는 것입니다. 만일 어떤 기준을 가지고 기도의 중요도를 나눈다면 그것은 지극히 인간의 기준으로 나눈 것입니다. 10억을 구하는 기도와 10만원을 구하는 기도가 있습니다. 암 치료를 구하는 기도와 감기 치료를 구하는 기도가 있습니다. 어떤 기도가 더 중요하고 무게감 있는 기도 인가요? 만일 10억과 암 치료를 기도하는 것을 더 중요하고 무게감 있다고 생각한다면 그것은 하나님을 잘못 알고 있는 것입니다. 인간의 눈으로 바라보며 생각하고 나누는 것입니다. 우리의 눈으로 볼 때에 10억과 암 치료가 많은 돈이며 어려운 치료이겠지만 하나님께서 보실 때는 그 역시 아무것도 아닌 것이기 때문입니다. 하나님께서는 난이도와 중요도가 있지 않다는 것입니다. 기도하는 사람을 사랑하시기에 기도하는 것을 통하여 친밀해지기를 원하실 뿐입니다. 그래서 우리는 모든 상황에서 하나님께 기도할 수 있어야 합니다. 이것은 기도할 사안이며 이것은 혼자서 해결할 사안이라고 나누는 것 자체가 하나님을 중심에 둔 삶이 아니라는 것을 자증하는 것입니다.

기도는 습관처럼 해야 합니다. 물론 어떤 주문을 외우는 것처럼 의미 없이 하는 습관을 말하는 것이 아닙니다. 일상에서 일어나는 지극히 당연한 일처럼 몸에 배어 있는 습관처럼 기도해야 한다는 것입니다. 그러나 그렇게 하기는 쉽지 않습니다. 특히 기도하지 않고 지내온 시간이 길었다면 더욱 그러할 것입니다.

가깝게 지냈지만 연락이 뜸해져 몇 년간 안부조차 묻지 못했던 후배에게 느닷없이 연락이 왔습니다. 반가운 마음으로 서로의 안부를 묻고 이야기를 나누었습니다. 그리고 곧이어 결혼에 대한 소식을 알려왔습니다. 전화를 받으면서부터 예상을 하고 있었던 터라 그렇게 놀랍지는 않았습니다. 후배는 느닷없이 전화하여 결혼 소식을 전하는 것이 미안하다고 하면서 속마음을 털어 놓았습니다. 꼭 알리고 싶었는데 오랜 시간 연락 없이 지내다가 갑자기 전화하는 상황이라 여러 날을 망설였다고 합니다. 혹시 그동안 연락 없었던 이유로 기분 나빠하거나 외면하지는 않을까하는 두려움과 부담감마저 들었다고 합니다. 그러나 제 마음은 그렇지 않았습니다. 오랜 시간 연락이 없었지만 결혼을 이유로 다시 만나고 이야기할 수 있는 새로운 시작점이 되었다는 점에서 좋았습니다.

우리가 기도하는 것도 마찬가지입니다. 평소에 기도하지 않고 있다가 어려운 일이 찾아올 때 기도하려고 합니다. 그러나 오랜 시간 기도하지 않은 자신의 모습을 생각하며 이런 나의 기도를 들어주실까 하는 마음으로 기도의 자리를 피하고 싶어 합니다. 마치 양심 있는 사람은 그렇게 행동하면 안 되는 것처럼 말입니다. 그러나 이것은 하나님께서 원하시는 것이 아닙니다. 하나님께서 원하시는 것은 스스로가 정해 놓은 기준과 양심 있는 행동을 하며 예의를 차리는 것이 아닙니다. 어떤 순간에도 하나님께 나아가는 것이 옳다고 깨닫는다면 주저 없이 돌아오기를 기다리시는 것입니다. 그동안 하나님과 관계없이 지냈을 지라도 그 순간의 계기를 통하여 진실하게 나오기를 원하시는 것입니다. 아프면 아프다고 고백하며 힘들면 힘들다고 가감 없이 고백하며 하나님께 내려놓기를 원하시는 것입니다. 그 역시 하나님께서 우리를 부르시고 그 품에 안아주시려는 하나님의 인도하심인 것을 기억해야 할 것입니다. 기회를 주셨음에도 불구하고 그 앞에 엎드리지 않는다면 그것이 교만한 것이며 하나님을 우리의 주님으로 생각하지 않는 삶인 것입니다. 주저하고 망설이지 말고 그 앞으로 나오면 되는 것입니다.

우리는 대부분 어려움이 닥칠 때만 기도하려고 합니다. 그래서 기쁘고 즐거울 때는 기도를 잊어버리는 경우가 많습니다. 질병의 치료를 위하여 기도하고 취업을 위하여 기도합니다. 대학교 합격을 위해 기도합니다. 눈앞의 문제의 해결을 위해 기도하지만 그것이 해결되면 더 이상 기도하지 않습니다. 치료와 합격한 일에 대한 감사헌금을 하고 마치 모든 의무를 마친 것처럼 여기며 마무리 짓습니다. 아무 일도 없이 평안한 시간이 이어질 때도 기도하지 않습니다. 원래 있는 나의 시간인 것처럼 생각하며 나의 방식으로 살아갑니다. 그러나 하나님께서는 이런 우리의 모습을 책망하십니다. 고난당할 때 기도하고 즐거울 때도 기도해야 하는 것입니다. 아무런 사건이 없이 평안할 때도 역시 기도 해야 하는 것입니다. 하나님을 삶의 중심에 계시도록 해야 하는 것입니다. 살아있는 사람은 반드시 숨을 쉬어야 하며 그것이 살아있는 사람에게 자연스러운 것처럼 살아있는 성도에게 자연스러운 것이 기도라는 사실을 잊지 말아야 합니다.

기도는 외적인 행위가 아닙니다. 기도를 통해 하나님께서 일하시는 것을 경험하기도 합니다. 그러나 열심히 모여서 기도하지만 아무런 응답이 없는 경우도 있습니다. 하나님께 기도하지만 하나님을 신뢰하지 않는 단순한 모임이 된 경우도 있습니다.

> 또 너희는 기도할 때에 외식하는 자와 같이 하지 말라 그들은 사람에게 보이려고 회당과 큰 거리 어귀에 서서 기도하기를 좋아하느니라 내가 진실로 너희에게 이르노니 그들은 자기 상을 이미 받았느니라 너는 기도할 때에 네 골방에 들어가 문을 닫고 은밀한 중에 계신 네 아버지께 기도하라 은밀한 중에 보시는 네 아버지께서 갚으시리라 _ 마태복음 6장 5~6절

기도가 하나님께 구하며 의지하는 것이라면 믿음이 더해짐으로 하나님과의 친밀한 교제가 전제되어야 합니다. 성령님과 함께하는 은밀한 기도 시간을 통해 전인격체가 무릎 꿇어야 합니다. 육체의 무릎을 꿇는 것이 아니라 몸과 마음의 모든 것이 하나님 앞에 굴복하고 순종해야 합니다. 그것이 진정으로 하나님을 나의 주님으로 모시는 것이며 의지하는 것입니다. 하나님의 주권을 인정하며 왕이신 그분을 섬기는 마음으로 무릎을 꿇어야겠습니다. 어떤 응답이라도 따를 수 있도록 준비하고 순종할 수 있는 자세를 가져야 합니다. 모든 것을 기도하며 나아가며 하나님의 때를 기다릴 줄 아는 믿음의 성도가 되어야 합니다.

기도의 열매는 능력입니다

야고보서 5장 14-18절

---

14. 너희 중에 병든 자가 있느냐 그는 교회의 장로들을 청할 것이요 그들은
    주의 이름으로 기름을 바르며 그를 위하여 기도할지니라
15. 믿음의 기도는 병든 자를 구원하리니 주께서 그를 일으키시리라 혹시 죄
    를 범하였을지라도 사하심을 받으리라
16. 그러므로 너희 죄를 서로 고백하며 병이 낫기를 위하여 서로 기도하라 의
    인의 간구는 역사하는 힘이 큼이니라
17. 엘리야는 우리와 성정이 같은 사람이로되 그가 비가 오지 않기를 간절히
    기도한즉 삼 년 육 개월 동안 땅에 비가 오지 아니하고
18. 다시 기도하니 하늘이 비를 주고 땅이 열매를 맺었느니라

어린 시절 기차를 타고 가다가 터널을 만나면 두려워했던 기억이 있습니다. 어두운 터널을 달리는 기차가 앞이 잘 보이지 않아서 철로를 벗어나거나 혹은 마주 오는 다른 기차를 서로 알아보지 못해서 부딪히면 어떻게 할까 하는 걱정이었습니다. 지금 생각해보면 정말 어린아이답게 쓸데없는 염려를 했구나 하는 생각에 웃음마저 나옵니다. 그러나 그때는 진지했습니다. 터널을

들어가면 어두운 것이 계속될 것만 같았고 끝이 없을 것만 같았습니다.

우리가 인생을 살면서 맞이하는 고난은 어쩌면 터널과 같을 것입니다. 시작은 있지만 어둠의 끝이 보이지 않습니다. 한참을 지나왔지만 아직도 그대로인 것 같습니다. 어둠속에서 답답하고 불안하며 조급한 마음으로 포기하고 싶어집니다. 결국 가다 보면 출구가 나오고 다시 햇살을 받을 수 있으니 말입니다. 우리가 기도하고 절대로 포기하지 말아야 하는 이유이기도 합니다.

얼마 전에 어떤 분이 학생들에게 하는 이야기를 들은 적이 있습니다. 야한 동영상을 본적 있는가하고 물었고 이어서 성경말씀을 본적 있는가하고 물었습니다. 그리고는 야한 동영상과 성경말씀 중에 어떤 것이 여러분의 삶에 더 큰 영향을 미치는지에 대해서도 물었습니다. 여기저기에서 옆 사람과 소곤거리거나 낄낄거렸지만 나름대로 생각하고 이야기 하는 모습이었습니다. 서로 이야기하며 생각할 만큼 충분한 시간을 가진 후에 말문을 열었습니다. 야한 동영상과 성경말씀 중에서 여러분에게 더 가까이에 있고 친밀하게 느껴지는 것의 영향을 받는다고 말입니다. 내 주변에 음란한 것이 있다면 그것에 영향을 받고 드라마나 게임 등이 있으면 거기에 영향을 받습니다. 공부하는 분위기에 있으면 공부하는 영향을 받으며 말씀을 가까이 하는 곳에 있다면 역시 말씀에 영향을 받을 것입니다.

성령 하나님은 우리와 늘 함께 하십니다. 늘 동행한다면 인도하심에 영향을 받을 것입니다. 만일 우리의 사는 모습이 하나님과 관계없는 삶을 살고 있다면 우리는 성령 하나님과 어떠한 친밀관계를 유지하지 않고 있는 것입니다. 우리가 성령 하나님과 교제하며 늘 함께 하시는 것을 느끼며 산다면 그 영향을 숨길 수 없을 것입니다.

> 너는 마음을 다하고 뜻을 다하고 힘을 다하여 네 하나님 여호와를 사랑하라 오늘 내가 네게 명하는 이 말씀을 너는 마음에 새기고 네 자녀에게 부지런히 가르치며 집에 앉았을 때에든지 길을 갈 때에든지 누워 있을 때에든지 일어날 때에든지 이 말씀을 강론할 것이며 너는 또 그것을 네 손목에 매어 기호를 삼으며 네 미간에 붙여 표로 삼고 또 네 집 문설주와 바깥 문에 기록할지니라
> _ 신명기 6장 5~9절

환경에 의해 갈대와 같이 흔들리는 것이 아니라 말씀이 내 삶의 중심에서 영향력을 발휘하여 분명하고 굳건하게 살아가야 합니다. 하나님의 말씀을 늘 가까이 하며 기도해야 합니다. 기도는 말씀이 기준이 되어야 하고 성령의 역사하심을 통해 응답되어집니다. 결국 기도는 하나님이 들으시고 응답하시며 그것을 행하여주심으로 우리는 하나님의 능력을 경험하는 것입니다.

> 너희 중에 병든 자가 있느냐 그는 교회의 장로들을 청할 것이요 그들은 주의 이름으로 기름을 바르며 그를 위하여 기도할지니라 _ 야고보서 5장 14절

몸이 아프면 우리는 병원에 가서 진료를 받습니다. 개중에는 병원대신 주변 사람에게 물어보거나 인터넷을 검색하여 아픈 몸을 스스로 치료해보려는 시도를 하는 사람도 있습니다. 때로는 그것이 효과가 있을 때도 있지만 대부분 병을 더 키워서 치료를 힘들게 합니다. 병명이 무엇이며 어떤 이유로 아픈 것인지 알아야 치료가 가능합니다. 그것을 알기 위해서는 병원에서 진료를 통하여 정확한 진단을 받아야 하는 것이 당연한 것입니다. 결과를 살핀 후에 스스로 극복할 수 있는 것이라면 주변에 묻거나 웹서핑을 통해 방법을 찾을 수 있는 것입니다.

야고보는 병들었을 때 교회의 장로들을 청하여 기도하라고 말씀하고 있습니다. 이것은 병원 치료를 거부하고 기도만 하라고 말씀하는 것이 아닙니다. 문제가 발생하거나 어려운 일이 생길 때의 우선순위를 말하고 있는 것입니다. 아픈 몸을 이끌고 움직일 수 없는 상황에 교회 공동체의 대표로 장로들을 청하여 기도하는 것입니다. 교회 공동체와 함께 기도하며 그 문제를 해결해가야하는 것을 말하고 있습니다.

많은 사람들은 모든 방법을 다한 후 더 이상 방법이 없을 때 그때서야 하나님을 찾습니다. 교회 지체들에게 말하고 기도를 요청합니다. 이러한 모습은 어디서나 쉽게 볼 수 있습니다. 하나님을 믿는다고 하고 그 안에서 한 형제요 자매라고 말하지만 심리적으로는 결국 남인 것입니다. 진심으로 하나님을 믿고 교회를 한 가족과 같이 생각한다면 나의 아픔을 가장 먼저 하나님께 기도하는 것으로부터 시작해야 할 것입니다.

독신으로 살려는 사람은 아픈 몸을 이끌고 혼자서 병원에 갈 수 있는 의지가 있어야 한다고 합니다. 누군가의 경험에서 나온 이야기로 웃고 지나칠 수 있을 것입니다. 그러나 조금만 생각해 본다면 혼자가 아닌 사람은 결코 아픈 몸을 이끌고 혼자서 병원에 가지 않는 다는 것입니다. 가까이에 있는 가족이나 누군가에게 도움을 청하는 것이 당연한 것입니다. 우리는 믿음의 공동체를 이루고 있기에 장로들과 교회에 요청하는 것입니다. 병들었을 때나 어려움을 당했을 때 기도를 부탁하고 도움을 청해야 한다는 것입니다. 스스로 기도하지 못할 때 기도할 사람을 청하라는 것입니다. 육체의 병으로 인해 낙심하며 믿음이 흩어질 수 있지만 함께 기도하며 든든하게 믿음을 유지하도록 하는 것입니다.

기름을 바른다는 것은 어떤 주술적인 의미를 말하는 것이 아닙니다. 실제로 치료를 위해 기름을 바르는 경우도 있지만 교회의 장로들이 기름을 바르며 기도하는 것은 병의 치료를 확신하며 기도한다는 의미입니다. 병자가 치료에 대한 믿음을 가지게 하는 것입니다. 물론 기름의 힘을 통해서 병이 낫거나 장로의 기도 때문에 병이 낫는 것은 아닙니다. 기름을 바르고 기도하는 것은 하나님께 구하는 것이며 병을 고치시는 분도 오직 하나님 뿐이라고 고백하는 것입니다. 모든 것은 오직 하나님께 있기 때문에 기도를 멈추지 않는 것입니다.

────────

믿음의 기도는 병든 자를 구원하리니 주께서 그를 일으키시

하나님과의 관계가 단절되고 기도하지 않으며 말씀을 가까이
하지 않으면 우리는 하나님과 관계없는 삶을 살게 됩니다. 하나
님을 떠난 삶은 그 어떤 축복과 은혜를 깨닫고 누리지 못하는 것
입니다. 파이프가 막혀 물이 흐르지 못하는 것처럼 하나님께서
주시는 은혜가 우리 삶 속에 다다르지 못하고 막혀버리는 것입니
다. 우리는 종종 하나님을 떠난 삶을 사는 누군가가 병에 걸리면
그것은 죄로 인한 병이며 저주라고 생각합니다. 그러나 그 누구
도 확신하며 말할 수 없습니다. 모든 질병이 죄로 인해 생기는 것
은 아니기 때문입니다. 생활습관과 식습관, 운동여부와 정신적인
스트레스 혹은 주거 환경 등 다양한 이유가 있습니다. 그럼에도
불구하고 병을 죄와 바로 연결하는 것은 옳지 않은 행동입니다.
죄가 병을 가져오는 것은 아니지만 죄로 인해 병을 유발할 수 있
습니다. 무분별한 생활습관과 음주 혹은 약물을 사용하는 등 즐
거움만을 추구하는 행위는 하나님과의 관계를 멀리할 뿐만 아니
라 육체적인 질병을 유발하게 합니다.

야고보는 죄를 회개하여 하나님과의 관계를 회복하고 더 깊은
질병에 빠지지 않도록 하라고 합니다. 죄악된 습관을 돌이키고
은혜 안에 거하면서 잘못된 행위를 바로 잡아야 합니다. 육신의
치료에 앞서 우리의 영혼이 먼저 하나님과의 관계회복을 해야 합

니다. 그리고 난 후 하나님의 은혜가 임하여 놀랍게 병이 치료되는 경우를 보게 되는 것입니다.

엘리야는 우리와 성정이 같은 사람이로되 그가 비가 오지 않기를 간절히 기도한즉 삼 년 육 개월 동안 땅에 비가 오지 아니하고 다시 기도하니 하늘이 비를 주고 땅이 열매를 맺었느니라_ 야고보서 5장 17~18절

우리는 문제를 만나면 그것을 해결하기 위해 많은 방법을 동원합니다. 경험자를 찾거나 전문가 혹은 권위자의 말에 귀를 기울입니다. 다양한 채널을 통하여 정보를 수집하여 가장 좋은 결과를 만들어 낼 수 있는 방법을 모색합니다. 인터넷을 통하여 커뮤니티에 들어가면 비슷한 상황에서 같은 생각과 고민을 하고 있는 사람들을 만나게 됩니다. 왠지 모를 동지의식을 느끼고 나만의 문제가 아니라는 사실에 다소 안도감을 느낍니다. 사람들의 경험에 따른 조언과 제시하는 방법을 통하여 문제 해결에 대한 희망을 가지게 됩니다. 그 희망은 점차 신뢰와 확신으로 바뀌고 강하게 의지하게 됩니다. 그리고 결국 자신의 힘과 노력으로 문제를 해결 합니다. 다소 과장된 이야기라고 생각할지도 모르겠지만 모든 내용을 부인할 수 있는 것은 아닐 것입니다. 정보의 시대를 사는 우리는 하나님의 말씀 보다는 인터넷의 정보와 사람들의 이야기가 더 솔깃하게 들리는 것은 부인할 수 없는 사실입니다. 사람들의 경험과 조언을 의지하면서 하나님의 말씀과는 점차 거리를 둡니다. 세상의 논리와 필요 그리고 방법에 빠져드는 것입니다.

> 한 사람이 두 주인을 섬기지 못할 것이니 혹 이를 미워하고 저를 사랑하거나 혹 이를 중히 여기고 저를 경히 여김이라 너희가 하나님과 재물을 겸하여 섬기지 못하느니라 그러므로 내가 너희에게 이르노니 목숨을 위하여 무엇을 먹을까 무엇을 마실까 몸을 위하여 무엇을 입을까 염려하지 말라 목숨이 음식보다 중하지 아니하며 몸이 의복보다 중하지 아니하냐 공중의 새를 보라 심지도 않고 거두지도 않고 창고에 모아들이지도 아니하되 너희 하늘 아버지께서 기르시나니 너희는 이것들보다 귀하지 아니하냐
> _ 마태복음 6장 24~26절

성경은 우리에게 염려하지 말고 오직 하나님만 의지하라고 말씀하고 있습니다. 모든 것을 아시는 하나님께서 우리의 필요와 문제까지도 아시고 그것을 해결하실 수 있는 능력이 있기 때문입니다. 또한 우리의 필요를 그냥 바라보고만 계시지 않는 다는 것입니다.

우리는 연약하기에 근심하고 염려할 수 있습니다. 그러나 염려하는 내용 역시 하나님께 맡겨야 하는 것입니다. 모든 것을 맡기고 우리가 해야 할 것은 오직 하나님께 기도하며 그를 의지하는 것입니다. 오직 성령님을 구하고 하나님의 나라를 구하는 것이 우리의 마땅한 본분이고 태도입니다. 하나님께서 해결하지 못할 것은 어떤 것도 없기 때문입니다.

야고보는 엘리야가 바알의 선지자를 물리치고 비를 내리게 했던 기도의 이야기를 통하여 우리가 기도해야 할 것을 말씀하고 있습니다. 비를 내리지 않게 하거나 비를 내리게 하는 일은 어떤 누구도 할 수 없는 일입니다. 엘리야가 행했던 일을 우리의 눈으로 본다면 실로 엄청난 일입니다. 감히 누구도 범접할 수 없는 일을 행했습니다. 그러나 그런 엘리야 역시 우리와 다르지 않은 사람이며 하나님께서 그와 함께 하셨기에 가능하다는 것을 말하고 있습니다. 사람이 대단한 것이 아니라 하나님께서 하신다는 것입니다. 우리가 기도해야하는 이유이기도 합니다. 아무리 많은 정보와 높은 지식과 경험의 사람들이 내 놓는 조언과 방법이라 할지라도 그 한계는 있습니다. 제 아무리 뛰어나고 세상에서 제일가는 능력을 가지고 있다고 해도 하나님 앞에서는 연약한 존재일 뿐인 것입니다. 한계를 가진 유한한 존재일 뿐입니다. 그러나 하나님께는 어떤 제한도 한계도 없습니다. 비를 내리게도 하시며 멈추게도 하시는 하나님께 구하고 맡기는 것입니다.

막혀있던 하나님과의 관계를 회복해야 합니다. 기도하며 우리의 죄를 고백하고 그 뜻대로 살기위해 힘써야 합니다. 기도하고 회개하여 하나님과의 만남이 다시 시작되면 은혜의 풍성한 물길 속에서 살아가게 됩니다. 어려움과 문제가 사라지는 것이 아니라 하나님을 의지하고 기도하면서 어려움과 문제를 넉넉하게 이길 담력과 인내가 생기는 것입니다. 하나님의 시간을 기다리고 의지하는 믿음의 삶을 살아가는 것입니다. 기도 외에는 이런 일이 일어나지 않습니다. 기도만이 우리가 살 길입니다. 하나님을 경외하고 겸손한 마음으로 친밀한 관계를 유지하도록 늘 힘써야겠습니다. 다른 경우의 수를 바라보지 말고 오직 기도로 하나님만을 향하는 믿음이 회복되어야 할 것입니다.

칭의와 성화의 균형 찾기

하나님의 사랑에 대하여 우리는 값없이 주신 은혜라는 말을 종종 합니다. 그런데 값이 없다는 것은 어떤 의미를 가지고 있을까 하는 생각은 해 본적 없는 것 같습니다.

시장의 논리에서 생각한다면 값은 물건이 가지고 있는 가치에 비례하게 책정합니다. 우리가 흔히 보는 고가의 제품들은 비싼 가격을 책정할 만한 이유가 있기 때문입니다. 그 이유가 품질이 되었든 브랜드의 명성이나 희소성이 되었든 그것도 아니면 부풀려진 허상이라 할지라도 나름대로의 이유가 있는 것입니다. 구매자는 책정된 가격이 합당하다고 인정될 때 물건의 가치에 상응하는 대가를 지불하고 구입합니다. 가격이 비싼 것은 비싼 만큼 가치를 생각하고 싼 것은 싼 만큼의 가치를 생각하는 것입니다.

값이 없다는 것은 가치가 없다는 말일까요? 만일 가치가 없는 것이라면 우리는 그것을 가지려고 하지 않을 것입니다. 그러나 값이 없다는 것은 가치가 없어서가 아니라 가치를 정할 수 없기 때문에 값없이 주는 것입니다. 값을 정한다면 누구도 가질 수 없기 때문입니다.

사람에게 가장 중요한 것은 생명입니다. 생명을 연장하기 위하여 많은 사람들이 다양한 방법을 시도했습니다. 지금도 방법을 찾으려고 힘쓰고 있습니다. 만약 생명을 한 달간 연장시킬 수 있는 약을 만들었다면 얼마의 가격을 책정해야 할까요? 그 약을 구입하기 위하여 얼마만큼의 대가를 지불할 생각이 있는가요? 할 수만 있다면 가지고 있는 많은 부분을 포기하더라도 약을 구입하려고 하지 않을까 싶습니다.

우리가 아직 죄인 되었을 때에 그리스도께서 우리를 위하여 죽으심으로 하나님께서 우리에 대한 자기의 사랑을 확증하셨느니라
_ 로마서 5장 8절

죄인의 모습인 우리를 위하여 죄 없으신 예수님께서는 십자가에 달려 죽으셨습니다. 우리가 죽어야 할 죄를 대신해 죽으셨고 우리가 행하여야 할 율법을 대신 행하여 주셔서 의인의 신분이 되게 하셨습니다. 하나님의 자녀로 죄인에서 의인이 되게 하셨습니다. 하나님의 사랑이며 좋은 소식, 복음인 것입니다. 이것을 믿음으로 우리는 구원받는 것입니다.

죄인으로 죽을 수밖에 없는 신분에서 의인으로 살아 숨 쉬는 신분으로 바꿀 수 있는 방법이 있다면 그 대가는 얼마나 치러야 할까요? 죽음에서 생명으로 바뀌는 대가가 얼마인지 생각해 본다면 우리는 엄두도 내지 못할 만큼의 금액일 것입니다.

값없이 주신 은혜는 가치가 없어서가 아니라 너무 큰 가치이고 헤아릴 수 없는 가치이기 때문에 값없이 주시는 것입니다. 대가를 치르고 가져야 한다면 누구도 가질 수 없기 때문입니다.

이러한 구원의 은혜를 우리는 너무 쉽게 생각하고 있습니다. 진정으로 은혜를 생각한다면 결코 가볍게 행동하거나 쉽게 말하지는 못할 것입니다. 진지하고 깊은 생각을 하지 않고 구원의 은혜에 대한 묵상이 없기에 가벼운 것입니다. 말만 있고 행함이 없는 한쪽으로 치우친 것을 바른 믿음으로 착각하고 있는 것입니다. 오랜 시간 교회에 출석해도 그 사람이 정말 예수님을 믿는 사람인지 아닌지를 알기 어려운 것이 현실입니다. 구원의 은혜를 입은 성도로서 또한 예수 그리스도가 생명이라는 것을 믿는 사람으로서 행하는 생각과 행동이 믿지 않는 사람들과는 다르게 나타나야 함에도 불구하고 그렇지 않다는 것입니다. 삶으로 증거가 나타나야 함에도 불구하고 그렇지 않다는 것입니다. 신앙의 고백은 있으나 삶이 없으며 교회에 출석은 하지만 말씀에 순종하는 사람은 적습니다. 이런 모습을 통하여 값없이 주신 은혜, 헤아릴 수 없을 만큼 큰 은혜가 값없이 받는 값싼 구원으로 전락해 버리고 있습니다.

'칭의(稱義)'는 하나님께서 의롭다고 선언하시는 것을 말합니다. 다시 말하면 아직 의인이 아니라 의인으로 인정하고 여겨주신다는 것입니다. 예수를 그리스도로 믿는 사람에게 칭의의 은혜를 주시는 것입니다. 그렇다면 의롭다고 여김을 받는 성도는 이제 신분이 바뀐 것입니다. 이전과 같은 모습으로 살아서는 안 되는 것입니다. 오랜 시간 학생으로 공부를 하던 사람이 군에 들어가면 학생으로서 했던 생활 습관을 버리고 군대에서 정하는 규칙을 따라야 하는 것처럼 말입니다. 만일 병사가 사회에서 하던 방식 그대로 부대에서 생활한다면 그는 힘든 생활을 해야 할 것입니다. 반복되는 훈련과 필요에 따른 얼차려를 통하여 군인의 신분에 맞는 사람으로 변화시킬 것입니다. 그리고 그는 군인으로서 자연스러운 행동과 생각을 하며 자신의 정체성과 소속감을 분명하게 가지게 될 것입니다.

'성화(聖化)'는 칭의를 통하여 신분이 바뀐 성도로서 살아가는 과정입니다. 신분이 바뀌었지만 우리는 여전히 죄의 본성을 가지고 있습니다. 이러한 것을 버리고 하나님의 자녀로서 살면서 변화되는 것을 말하는 것입니다. 이것은 하루아침에 이루어지는 것이 아니라 생의 전 과정을 통하여 일어나는 것입니다. 인생의 여정에서 말씀과 성령님의 동행하심으로 거룩한 자로서 변화되어가는 것 곧 성숙해 가는 과정입니다. 구원은 칭의로 의롭다는 선언이 주어지지만 그에 합당한 삶을 살아야하는 성화의 과정이 있어야 하는 것입니다. 물론 성화 역시 우리의 모든 노력만으로 되는 것이 아니라 하나님의 은혜로 되는 것이라는 것을 인식해야 합니다.

칭의만 강조한다면 그리스도인으로서 행동이 없는 무늬만 성도가 될 수 있습니다. 또한 성화만 강조한다면 구원을 스스로 이루어간다는 잘못된 신앙을 가질 수 있습니다. 그래서 칭의와 성화에 대한 이해를 균형 있게 하는 것이 무엇보다도 중요한 것입니다.

> 나더러 주여 주여 하는 자마다 다 천국에 들어갈 것이 아니요 다만 하늘에 계신 내 아버지의 뜻대로 행하는 자라야 들어가리라
> _ 마태복음 7장 21절

고백과 삶, 믿음과 행위는 어느 쪽이 중요하다고 말할 수 있는 것이 아닙니다. 성경에서는 믿음만을 강조하지 않습니다. 믿음이 있을 때 반드시 행함이 따라올 수밖에 없다고 말씀하고 있습니다. 진실한 믿음은 진실한 행동을 수반 하는 것입니다. 또한 진실한 믿음과 진실한 행동은 진실한 열매를 맺게 되는 것입니다.

> 이러므로 그들의 열매로 그들을 알리라 _ 마태복음 7장 20절

야고보가 믿음과 행위에 대하여 말하고 있는 것은 씨를 심고 나무를 심으면 반드시 열매가 맺혀지는 것과 같다는 것을 역설하고 있는 것입니다. 믿음과 행함은 절대로 분리될 수 없습니다. 사회인은 사회인으로서 생활하고 행동하지만 군인은 군인으로서 생활하고 행동하는 것이 옳은 것이라는 것을 말하고 있습니다. 하나님의 자녀로서 하나님의 자녀다운 모습으로 살아야하는 것이

당연하다는 것입니다.

교회에서 봉사하고 어려운 이웃을 돕는 것 그리고 남을 위해 희생하는 일의 깊은 내면에는 하나님과 인격적인 만남을 통한 깨달음이 있어야 합니다. 나의 연약한 모습과 죄인의 모습을 깨닫고 죽을 수밖에 없는 삶에서 구원의 은혜를 주신 것에 대한 감사의 깨달음입니다. 그 은혜를 감당할 수 없어서 하나님께서 기뻐하시는 일을 하는 것입니다. 복음을 알지 못하는 사람들을 안타깝게 여기는 긍휼의 마음이 원인이 되어야 합니다. 따라서 믿음으로 구원받은 사람에게서 선행의 모습은 필연적인 열매인 것입니다.

교회에서 드리는 예배뿐만 아니라 삶의 예배가 일상의 영역에서 자연스럽게 나타나야 합니다. 성령 하나님과 동행하는 것이며 성도로서 사명자로서 본분에 충실한 것입니다.

내 형제들아 너희 중에 미혹되어 진리를 떠난 자를 누가 돌아서게 하면 너희가 알 것은 죄인을 미혹된 길에서 돌아서게 하는 자가 그의 영혼을 사망에서 구원할 것이며 허다한 죄를 덮을 것임이라 _ 야고보서 5장 19~20절

초대교회에도 예수를 그리스도로 믿는 성도가 잘못된 사람들의 신앙에 이끌려 진리를 떠났습니다. 현재에도 이런 모습은 얼마든지 볼 수 있습니다. 열심히 교회에 출석하다가 어느 날부터 나오지 않는 경우입니다. 이런 경우 보통 두 가지의 이유가 있습

니다. 하나는 교회에 다니는 것에 대한 핍박이나 회유로 인해 교회에 나오지 않는 것입니다. 발걸음이 교회를 떠나 더 이상 나오지 않는 것입니다. 다른 하나는 그리스도에 대한 믿음을 고백하기는 하지만 실제로 복음의 능력으로 살아가지 않는 사람입니다. 교회는 출석하지만 그 능력을 경험하지 못하고 진정한 복음에 대하여 깨닫지 못하여 자신을 내어 놓지 못하는 사람입니다. 말씀에 순종하고 믿음으로 행하지 못하는 사람입니다. 어쩌면 눈에 보이지 않게 교회를 떠난 사람보다 함께 있지만 내면은 다른 곳에 있는 이런 사람이 더 위험한 상태일 것입니다. 교회는 이런 사람들을 권면하고 가르쳐서 돌아오게 해야 할 책무가 있습니다.

야고보는 영혼을 사망에서 구원해야 한다고 말하고 있습니다. 우리는 사망을 심장이 멈춘 상태 혹은 뇌사로 인지 할 수 없는 상태라고 이야기 합니다. 야고보가 말하는 죽음은 육체적인 죽음이 아닌 영적인 죽음입니다. 살아서 숨을 쉬지만 영적으로 깨어있지 못한 상태입니다. 성령님의 인도하심으로 성령님과 함께 호흡하며 살아가는 것이 아니라 나의 욕심과 욕망에 이끌려 살아가는 사람을 말합니다. 성령님과의 인격적인 만남과 교제가 없는 것이 결국은 육체의 죽음과 영혼의 죽음을 함께 맞이하는 영원한 죽음에 이르게 하는 것입니다. 자기 마음대로 살아가는 인생, 자기고집을 꺾지 않는 인생, 순복하고 순종하지 못하는 인생 그리고 하나님 말씀을 진리로 인정하지 않는 인생은 결국 영원한 죽음을 맞이하게 되는 것입니다. 죄의 유혹에 굴복하는 삶은 하나님과 분리된 상태에서 영원한 죽음으로 향하게 됩니다. 이러한 사람을 돌이킬 수 있도록 해야 하는 것에 대해 야고보는 강조하고 있는 것입니다.

영원한 죽음을 이해한다면 우리가 할 수 있는 것은 오직 복음을 전하는 것밖에는 없습니다. 선하신 창조와 인간의 타락한 모습 그리고 죄인을 구하려 오신 예수님을 알게 하는 것입니다.

> 하나님의 지혜에 있어서는 이 세상이 자기 지혜로 하나님을 알지 못하므로 하나님께서 전도의 미련한 것으로 믿는 자들을 구원하시기를 기뻐하셨도다 _ 고린도전서 1장 21절

하나님께서는 인간이 하나님을 알 수 있는 여러 가지 방편을 주셨습니다. 해가 뜨고 해가지는 것과 계절이 바뀌는 것 태양이 비추고 식물이 자라는 것과 공기가 있어 숨 쉬게 하는 것 등 누군가가 관리하지 않았는데도 불구하고 변함없이 일정하게 움직이고 있습니다. 자연계에서 일어나는 여러 가지 현상을 누구나 볼 수 있게 하셨습니다. 우리는 이러한 것을 통하여 하나님의 존재를 깨달을 수 있습니다. 그러나 인간의 악한 본성은 그것을 보며 하나님을 깨닫지 못합니다. 스스로 하나님을 알려고 하지 않는 것입니다. 설령 자연의 신비로움을 깨달았다고 해도 신의 존재만 깨달을 뿐 하나님에 대해서는 알려지지 않습니다. 하나님께서 부르시고 알게 해주셔야 합니다. 그런 방법으로 우리에게 전도를 허락하셨습니다. 우리의 입술을 통해 전해지는 말로 하나님께 나오도록 하는 것입니다. 불신자를 우리가 설득하여 믿도록 하는 것은 아니지만 우리의 말을 통하여 믿는 믿음을 주시는 것

입니다. 전도하는 우리를 믿음으로 초대하는 통로로 사용하시는 것입니다. 하나님께서 기뻐하시는 일인 전도를 통하여 우리는 믿음의 행동을 하는 것입니다. 어둠에서 빛으로 나오게 하는 도구이자 통로가 되는 것입니다. 성도의 이러한 행동은 성화의 과정을 살아가는 것이기도 합니다.

그리스도를 알고 믿음으로 고백하는 사람은 영적으로 풍성한 삶을 살지만 그렇지 않은 사람은 영적으로 피폐해져 영원한 죽음을 경험할 수밖에 없으니 전해야 하는 것입니다. 우리는 구원받은 성도로서 모든 기회를 살려서 복음을 전해야 합니다. 우리가 해야 할 가장 중요한 일입니다. 전도하는 우리를 통하여 하나님 나라의 복음이 널리 전파되게 하시며 그에 합당한 열매를 맺게 하실 것입니다. 이를 위하여 힘쓰는 우리의 모습이 되어야 합니다. 그리고 값없이 주신 은혜를 깨달으며 하나님께서 기뻐하신 일을 해나가는 우리의 인생이 되어야합니다.

믿으면 행하게 됩니다.